시내산
언약과 도약

정 태 홍

RPTMINISTRIES
http://www.esesang91.com

머 리 말

이 설교집은 시내산 아래의 금송아지 사건을 통하여
일어난 도약에 대하여 살펴보고
올바른 예배로 나아가고자 하는 것입니다.

하나님께서는 자기 백성들을 구원하시고 언약하셨습니다.
그 하나님께서는 자기 백성들의 예배를 받으십니다.
시내산 아래에서의 이스라엘 백성들이나 지금 우리 시대에나
과연 어떻게 예배를 드리고 있을까요?
오늘날 우리가 드리는 예배를 돌아보아야 한다고 생각합니다.
현대 멘탈리티 속에 오염되어가는 우리들의 모습이 무엇인지
진지하게 고민하며 회개하면서 나아가며,
하나님께서 기뻐하시는 참된 예배로 나아가기를 기도합니다.

언제나 부족한 저를 위하여
기도해 주시는 여러 손길들에 진심으로 감사하며
하나님께서 더 귀한 것으로 은혜 베푸시기를 기도합니다.

2015년 4월 20일
정태홍

목　　차

1 안식일을 지키라 - **4**

2 하나님이 친히 쓰신 것 - **13**

3 아브라함과 이삭과 이스라엘을 기억하소서 - **23**

4 먹고 마시며 뛰놀더라 - **34**

5 그 판들을 던져 깨뜨리니라 - **44**

6 이 송아지가 나왔나이다 1 - **54**

7 이 송아지가 나왔나이다 2 - **64**

8 이 송아지가 나왔나이다 3 - **74**

9 여호와의 편에 있는 자 1 - **86**

10 여호와의 편에 있는 자 2 - **98**

11 여호와의 편에 있는 자 3 - **109**

12 여호와의 편에 있는 자 4 - **120**

13 여호와의 편에 있는 자 5 - **129**

14 여호와의 편에 있는 자 6 - **137**

15 여호와의 편에 있는 자 7 - **147**

16 여호와께로 올라가노니 1 - **157**

17 여호와께로 올라가노니 2 - **167**

18 여호와께로 올라가노니 3 - **178**

19 장신구를 떼어내라 - **192**

시내산 언약과 도약 1

안식일을 지키라

12 여호와께서 모세에게 일러 가라사대 13 너는 이스라엘 자손에게 고하여 이르기를 너희는 나의 안식일을 지키라 이는 나와 너희 사이에 너희 대대의 표징이니 나는 너희를 거룩하게 하는 여호와인 줄 너희로 알게 함이라 14 너희는 안식일을 지킬지니 이는 너희에게 성일이 됨이라 무릇 그날에 일하는 자는 그 백성 중에서 그 생명이 끊쳐지리라 15 엿새 동안은 일할 것이나 제 칠 일은 큰 안식일이니 여호와께 거룩한 것이라 무릇 안식일에 일하는 자를 반드시 죽일지니라 16 이같이 이스라엘 자손이 안식일을 지켜서 그것으로 대대로 영원한 언약을 삼을 것이니 17 이는 나와 이스라엘 자손 사이에 영원한 표징이며 나 여호와가 엿새 동안에 천지를 창조하고 제 칠 일에 쉬어 평안하였음이니라 하라(출 31:12-17)

하나님께서 이스라엘 백성들에게 언약의 영원한 표징으로써 안식일을 지키라고 말씀하십니다. 그 지켜야 하는 이유로 오늘 말씀에서는 "나 여호와가 엿새 동안에 천지를 창조하고 제 칠일에 쉬어 평안하였음이니라" 그렇게 말씀하셨습니다. 출애굽 하여 구원한 것이 중점이 아니고 여기에서는 창조와 안식에 대한 것이 초점으로 나와 있습니다. 그리고 그렇게 안식일을 지키어 무엇을 알아가게 하십니까? 13절에서, "나는 너희를 거룩하게 하는 여호와인 줄 너희로 알게 함이라"고 했습니다. 14절에 나오듯이, 안식일이 거룩한 날이라고 했습니다.

안식일을 지키는 것이 여호와 하나님과 이스라엘 백성들 간의 '대대의 표징'이라 했습니다. 이스라엘 자손들이 하나님의 택한 백성이요 언약의 자손이라는 것을 무엇으로 표했습니까? 그것은 할례와 안식일이었습니다. 할례도 받지 않고 안식일을 지키지 않는다면 그것은 이방인이라는 뜻입니다.

이것은 다만 종교적 의무를 지키어서 하나님의 백성이라는 것을 나타내라는 것이 아닙니다. 그것은 마음으로 믿어 입술로 고백하듯이, 자신이 하나님을 믿는 언약의 백성으로서 공적인 고백을 나타내라는 것입니다. 그것이 오늘날 새언약의 교회에서는 세례를 행하고 성찬을 시행하며 주일을 지키는 것으로 나타납니다.

중요한 것은, '왜 이런 신앙고백이 천지창조와 연결되어서 나타나야 하느냐?' 하는 것입니다. 그것은 이 이스라엘 백성들이 직면하게 되는 세상은 그들의 신앙고백과는 다른 세계관으로 움직여지는 세상이기 때문입니다. 애굽이라는 나라도 이 광야를 지나면서 만나는 족속들도 가나안의 저 일곱 족속도 지금 출애굽한 이 이스라엘 백성들과는 다른 신앙과 세계관 속에서 살아가고 있기 때문입니다. 그들은 대표적으로 바알과 아세라와 같은 우상을 섬기는 족속들입니다. 그것은 이 세상이 전부이고 이 세상의 부귀영화를 위해 자기 자녀를 불살라 바치는 종교입니다. 그것이 그들의 신앙고백이었습니다.

그러나 이스라엘 백성들은 그런 민족들과 달라야 했습니다. 왜냐하면 여호와의 은혜로 구원받았고, 여호와께서 역사하셔서 여기까지 오게 된 백성들이기 때문입니다. 여호와 하나님은 살아계신 하나님이시기 때문입니다. 여호와 하나님은 사람들이 만들어 낸 신이 아닙니다. 철학적인 개념이 아닙니다.

이스라엘이 안식일을 지키고 그것도 창조에 기초하여 안식일을 지킨다는 것은 하나님께서 이스라엘을 구원하시며 언약하신 것이 세상 사람들과 다른 삶을 살아가야 한다는 것을 의미합니다.

그것을 오늘 본문에서는 무엇이라고 했습니까? 거룩하게 한다고 했습니다. 하나님은 이스라엘을 거룩하게 하시는 하나님이십니다. 거룩하게 한다는 것은 윤리·도덕적으로 흠이 없게 만든다는 것이 아닙니다. 하나님 안에 사는 것이고 하나님께서 주시는 말씀 속에서 생명력을 누리고 의미와 통일성을 누리고 사는 것입니다.

세상은 우연, 투쟁, 자유, 자율성, 여기 이 현실이 전부라고 말합니다. 그러나 하나님께서는 우연히 이 세상과 인간이 존재하게 된 것이 아니라 하나님께서 창조하셨다고 말씀합니다. 그중에서도 인간은 하나님의 형상을 따라 창조되었습니다.

왜 그렇게 놀라운 존재로 창조되었습니까?

이 백성은 내가 나를 위하여 지었나니 나의 찬송을 부르게 하려함이니라(사 43:21)

'찬송을 부른다' 함은 그냥 노래만 열심히 부르는 노래방 기계로 만든다는 것이 아닙니다. 하나님의 하나님 되심을 온 우주에 널리 나타내어 하나님께 영광 돌리는 삶을 나타내는 것을 말합니다. 하나님께서 언약을 배반하여 바벨론에 포로 된 이스라엘을 구원해 내시어 회복하십니다. 그렇게 회복해서 무엇을 하십니까? 언약에 신실하게 하십니다. 이 언약의 말씀대로 살아가게 하십니다.

'에이, 그러려고 포로에서 회복시키셨어요?
난 또 뭐 특별한 기적을 베풀어 주실 줄 알았는데요.'

이런 식의 접근은 아직도 구원이 무엇인지 모르고 여호와 하나님이 누구신지도 모르는 불신앙적인 말입니다. 언약에 신실한 삶을 살아간다. 이 계명대로 살아간다는 것은 여호와 하나님 안에 있는 것이 가장 귀한 것이고 그것만이 우리의 삶이 생명이고 그것만이 우리에게 참되고 영원한 의미와 통일성을 준다는 것입니다. 그런데 그것을 '지키라고 지키라'고, '그렇게 사는 것만이 진리다 생명이다' 그렇게 말해도 거부하고 인본주의로 나갔습니다.

그것이 요즘 어떻게 나타나고 있습니까? 현대인문학을 말하는 사람들은, '자본주의의 노예가 되지 말아라. 돈은 수단이지 목적이 아니다. 돈 더 많이 벌어서 행복하게 살아야 생각하지 마라.' 그렇게 말합니다. 얼마나 멋있어 보입니까? 얼핏 보면 비슷해 보입니다.

그런데 무엇이 문제란 말입니까? 하나님 없는 인간중심의 세상을 만들려고 하기 때문입니다. 인간이 주인이 되고 인간이 자율성을 가지고 인간이 자유를 누리고 살아가는 그런 세상입니다. 여기가 전부인 세상입니다. 인간의 자유를 억압하는 어떤 세력도 존재도 권위도 있어서는 안 된다고 말합니다. 그러니 그들에게 하나님은 없습니다. 그들은 신이란 인간의 불안이 만들어 낸 허상이라고 말합니다.

이것은 지금 막연한 것이 아닙니다. 이 현실을 살아가는 성도들의 직접적인 문제입니다. 우리의 자녀들은 그렇게 학교에서 배우고 그렇게 말하는 인터넷 글을 읽고 그렇게 말하는 사람들의 강의를 듣고 시험을 치고 답을 써내야 하고 그렇게 말하는 세상 속에서 살아가고 있습니다.

그런데 어떻게 그런 세상의 흐름들 속에서, '아니야, 인간은 주인이 아니야, 인간은 자율적인 존재가 아니야, 인간은 스스로 자유롭지 못해' 그렇게 말할 수 있습니까? 그렇게 말할 용기보다도 먼저 자기 자신이 그렇게 믿고 확신하고 살아가고 있습니까? 어찌 들으면 맞는 말 같고 어찌 들으면 틀린 것 같고 오락가락 하면서 분별력을 상실한 채로 살아가고 있습니다.

오늘 말씀에서 무엇이라고 말씀합니까?

안식일을 지켜라. 이것이 나와 너희 사이에 너희 대대의 표징이다. 나는 너희를 거룩하게 하는 여호와다. 안식일을 더럽히는 자는 죽이라. 대대로 지킬 언약이다. 왜냐하면 여호와가 엿새 동안 천지를 창조하고 제칠 일에 쉬었기 때문이다.

그렇게 말씀하셨습니다.

하나님께서 쉬셨다는 것은 하나님께서 뜻하신 대로 창조가 완성이 되셨다는 것입니다. 그 말을 우리의 시선에서 바라본다면, 하나님 안에 모든 것이 다 있다는 뜻입니다. 하나님 외에 다른 것에 의지할 것이 없다는 것입니다. 하나님으로부터 흘러넘치는 생명을 누리고 하나님과 맺은 언약 속에서 하나님의 그 말씀에 순종하며 살면서 하나님의 영광을 반사하는 존재로 살아가도록 하나님 의존적인 존재로 만드셨습니다.

그렇게 아름답게 만들어진 세상을 보시기에 좋았더라고 하나님께서 말씀하신 그 세상을 시기 질투하는 존재가 있었습니다. 그것은 바로 하나님께 반역한 사탄이었습니다. 사탄은 에덴동산의 아담과 하와를 미혹하면서 이렇게 말했습니다.

"너희 눈이 밝아 하나님과 같이 되어 선악을 알"게 된다고 했습니다. 그것은 하나님 없는 자율적인 존재로 살아가라는 것입니다. 세상은 무엇이라고 말합니까? '자본주의의 노예가 되지 말아라. 돈은 수단이지 목적이 아니다. 돈 더 많이 벌어서 행복하게 살아야지 생각하지 마라.' 그렇게 말합니다.

그것을 어떻게 이루며 살아가라고 말합니까? 하나님 없이 인간이 주인이 되고 인간의 의지를 발휘해서 인간이 스스로 만들어 가라고 말합니다. 사람들이 사람답게 살고 사랑하고 살고 존재감을 느끼고 살아가는데 그것을 외부의 개입이 없이 인간의 능력으로 만들어 가라고 말합니다.

그렇게 말하는 세상이 이스라엘 백성들이 살아갔던 세상이었고 지금 우리가 살아가고 있는 세상입니다. 그러나, '하나님께서는 그렇게 살아가지 마라'고 말씀하십니다. 왜냐하면 그렇게 안 되기 때문입니다. 인간이 아무리 하나님 없이 행복하게 살고 싶어도 안 되기 때문입니다. 오히려 서로 싸우고 죽이는 일밖에 없습니다. 그것은 지금까지 살아온 인간의 역사가 말해줍니다. 하나님께서 주셔야만 하고 하나님께서 주시는 것으로 살아야만 자유와 평안과 만족이 있습니다. 하나님으로부터만 영원한 의미와 통일성을 누릴 수 있습니다.

그것을 언제든지 거부하고 반항하도록 부추기는 존재가 있습니다. 그것이 바로 사탄이고 그 부리는 대행자들입니다. 적그리스도와 거짓 선지자들입니다. 왜 그들이 적그리스도고 거짓 선지자들이냐 하면, 하나님의 도움 없이 인간이 애쓰고 노력해서 만들어 가라고 하기 때문입니다.

지금 한창 뜨고 있는 철학자 강신주 교수는 이렇게 말합니다.

> 좋아서 하는 일을 보호해 주어야 하기 때문에 사람들은 생산-소비 협동조합(공동체)을 구성합니다. 이것이 자본주의의 유일한 대안이라고 생각합니다.[1]

돈에 구속되지 말고 좋아서 하라고 합니다. 사랑과 유대와 연대를 말합니다. 사랑의 가치를 말하면서 '우리에게 내일은 없다'고 말합니다. 지금 여기 현실을 위해서 다 쓰는 것이라고 말합니다. '돈 많이 벌어서 행복하게 살아야지' 그러면 자본주의에 빠진다고 소리칩니다.

강신주 교수가 자본주의를 비판하는 이유는 무엇일까요?

> 자본주의가 유효했던 것은 우리와 관련이 되어 있습니다. 돈만 가지면 자유로운 느낌이 들고, 무엇이든 지배할 수 있다는 유혹이 들어와 있습니다. 하지만 돈보다 사람이 좋아야 합니다. 돈이 있어서 그 사람을 좋아해서는 안 되겠죠. IMF 이후 놀라운 사태, 이혼의 대부분의 원인이 돈 문제라는 것입니다. 자본주의는 고상함을 허락하지 않습니다. 돈 없으면 못 먹고 사니까 우리가 그렇게 만들어지는 것입니다. 자기가 좋아하는 일을 하고 살면 그 사람은 주인으로 사는 것이고, 타인이 원하는 대로 살면 노예입니다. 사람이 돈보다 우위에 있어야 합니다. 돈이 없어도 사랑을 받아야 하고, 아이 성적이 떨어져도 사랑해야 합니다. 인문학자들이 자본주의를 비판하는 이유는 딱 하나입니다. 인간은 소중하다는 것입니다. 자본주의를 인간이 통제하지 못하면 우리는 가면 갈수록, 자신이 좋아하는 것을 하는 것보다 획일화된 사람만 나오게 됩니다. 항상 자본주의는 우리에게 선택을 강요합니다. 주인으로 살 것인가, 노예로 살 것인가.[2]

---

1) http://news.naver.com/main/read.nhn?mode=LSD&mid=sec&oid=374&aid=0000042810&sid1=001 강신주, '자본주의 유일한 대안은...' (2013.10.29.).
2) http://sbscnbc.sbs.co.kr/read.jsp?pmArticleId=10000603855 강신주, '돈의 노예가 되지 말라,'

자본주의는 돈이라는 것으로 인간을 통제하기 때문에 인간답게 살고 주인으로 살고 자기가 좋아하고 하고 싶은 것들을 하고 살아가라고 합니다. 강신주 교수는 자본주의를 말하지만 자본주의만 그런 것이 아니라 종교 특히 기독교를 그렇게 바라봅니다. 획일화를 요구하고 억압한다고 생각하기 때문입니다. 결국 강신주 교수가 말하는 것이 무엇일까요? 그것은 인간의 자유, 인간의 자율성 그것을 소리치고 요구하는 것입니다.

이것이 오늘 읽은 성경 말씀에서, '안식을 지켜라. 이것이 대대로 지켜야 하는 표징이다. 안 지키면 죽여라' 하는 엄중하고 살벌한 명령을 내리는 이유입니다. 하나님께서 창조하시고 하나님께서 언약하신 그 백성들을 미혹하고 유혹해서 하나님께 반역하고 반항하게 한 사탄의 종노릇해서는 안 되기 때문입니다.

그렇게 언약을 배반하고 하나님께 반항하는 삶을 살아가지 않고 하나님의 구원을 기뻐하고 그 언약에 신실하게 살아가는 그 표로써 안식일을 지키라고 한 것입니다. '하나님을 의지하고 살리라. 예수 십자가만 바라보고 살리라.' 그렇게 살아가겠노라고 신앙을 고백하고 살아가고 안식일을 지켰습니다. 그 마음으로 그 신앙으로 우리는 주일을 지켜야 합니다. 예수 그리스도의 십자가의 피 흘림만이 우리의 죄를 사하시고 의롭게 하셨으며 예수 그리스도만이 우리의 구세주라는 것을 고백하는 것이 주일입니다.

인생에게 우리에게 필요한 모든 것들은 하나님 안에 있습니다. 하나님의 백성답게 사는 일에 하나도 부족함이 없습니다. 주일을 지켜 복을 달라는 것이 아닙니다. '나는 평생에 예수 십자가만 자랑하며 살리라' 그것을 고백하는 것이 주일을 지키는 것입니다. 세례를 받는 것입니다. 성찬에 참여하는 것입니다. 성령 하나님께서 얼마나 우리를 강권하고 계십니까!

어려워도 예수 십자가, 좋아도 예수 십자가 앞으로 가십시오. 하나님의 말씀대로 살기 위해서 인간의 자유, 인간의 자율성이 아니라 하나님을 의지하고 사십시오. 그리 살도록 기도하시기 바랍니다. 그 일에 승리하도록 하나님께서 더욱 은혜 주시길 간절히 기도합니다.

RPTMINISTRIES
http://www.esesang91.com

시내산 언약과 도약 2

하나님이 친히 쓰신 것

여호와께서 시내산 위에서 모세에게 이르시기를 마치신 때에 증거판 둘을 모세에게 주시니 이는 돌판이요 하나님이 친히 쓰신 것이더라(출 31:18)

하나님께서 이스라엘 백성들에게 언약의 영원한 표징으로써 안식일을 지키라고 말씀하셨습니다. 이 18절의 말씀을 덧붙여서 '여호와께서 모세에게 증거판 둘을 주셨다'고 말합니다. 우리는 언약에 대해서 계속 들어 왔기에 언약에 대해 어색하지 않습니다. 오히려 언약의 소중함에 대하여 더욱 감사하고 있습니다. 그러나, 율법에 대하여 말하면 왠지 그것이 불편합니다. 그렇게 불편해하는 이유는 무엇입니까? 그것은 율법에 대해 제대로 알지도 못하기 때문입니다.

율법이라는 말만 들어도 '아 그건 좀 아닌 거 같은데요?' 그렇게 반응을 보입니다. 언약과 율법에 대해서 잘못된 생각을 가지고 있기 때문에 율법을 말하면 율법주의자인 것으로 오해합니다. 아닙니다. 그렇지 않습니다. 우리는 율법을 지켜 구원에 이르려고 하는 자가 아닙니다. 그리고 이미 얻은 구원에 그것으로 부족하고 다시 율법을 지켜야 구원을 얻는다는 것도 아닙니다. 계속 말해 왔듯이, 율법이란 여호와 하나님께서 언약한 자기 백성들에게 주신 거룩한 것입니다. 그런데 그것이 세월이 지나면서 변질이 되었습니다.

예수님께서는 율법에 대하여 이렇게 말씀하셨습니다.

> 17 내가 율법이나 선지자나 폐하러 온 줄로 생각지 말라 폐하러 온 것이 아니요 완전케
> 하려 함이로라 18 진실로 너희에게 이르노니 천지가 없어지기 전에는 율법의 일점일획이
> 라도 반드시 없어지지 아니하고 다 이루리라(마 5:17-18)

예수님께서 오신 것은 율법을 폐하러 오신 것이 아닙니다. 쉽게
말해서, '율법 이런 거는 소용없다.' 그렇게 말씀하시려고 오신 것
이 아닙니다. 오히려 율법을 완전케 하시려고 오셨습니다.[3] 그럼에
도 불구하고 우리는 헷갈립니다. 왜냐하면 성경에서 또 이렇게 말
하는 부분도 있기 때문입니다.

> 이제는 우리가 얽매였던 것에 대하여 죽었으므로 율법에서 벗어났으니 이러므로 우리가
> 영의 새로운 것으로 섬길 것이요 의문의 묵은 것으로 아니할찌니라(롬 7:6)
> 그리스도께서 우리로 자유케 하려고 자유를 주셨으니 그러므로 굳세게 서서 다시는 종의
> 멍에를 메지 말라(갈 5:1)

율법에 대하여 죽었다고 말하며 율법에서 벗어났다고 말합니다.
그러면 로마서 7장 6절은 무슨 뜻입니까? 그것은, '예수 그리스도
를 구주로 믿는 성도들은 율법으로 다스림 받지 않는다'는 뜻입니
다. 로마서에 나오는 말대로 하자면, 죄와 사망의 법이 우리의 근거
가 아닙니다. 그것이 우리의 기준이 아니고, 요구 조건도 아닙니다.
그러면 성도는 어떤 사람들입니까? 성도는 하나님의 은혜와 사랑
으로 대접받는 자들입니다.

---

3) 내가 율법이나 선지자나 폐하러 온 줄로 생각지 말라 폐하러 온 것이 아니요 완전케 하려 함이로라
(마 5:17)

그 차이가 어느 정도입니까? '종과 아들'로 말합니다. 죄의 종이 었으나 이제는 은혜의 아들입니다. 로마서는 그것을 생명의 성령의 법으로 대접받는 자라고 말합니다. 더 구체적으로 말하자면, 이제 는 더 이상 죄가 우리를 주관할 수 없습니다. 죄가 성도 위에 힘을 발휘하려면, 죄가 힘을 발휘할 법적 근거를 가져야 합니다. 그런데 예수 그리스도께서 그 죄를 십자가에 피 흘리심으로 다 사하여 주 셨습니다.

이제는 하나님께서 성도 된 우리를 어떻게 대우하십니까? 하나 님께서 우리에게 적용하시고 우리에게 요구하시는 법은 사랑의 법 이요 은혜의 법입니다. 그러므로 더 이상 율법이 우리를 주장하지 못합니다. 율법이 우리 위에 군림하면서 우리 삶을 틀어쥐고 있는 것이 아니라는 뜻입니다. 그런데도 로마서 8장에 가면 또 이런 말 씀이 나옵니다.

> 3 율법이 육신으로 말미암아 연약하여 할 수 없는 그것을 하나님은 하시나니 곧 죄를 인 하여 자기 아들을 죄 있는 육신의 모양으로 보내어 육신에 죄를 정하사 4 육신을 좇지 않 고 그 영을 좇아 행하는 우리에게 율법의 요구를 이루어지게 하려 하심이니라(롬 8:3-4)

율법의 요구를 폐하는 것이 아닙니다. 생명의 성령님의 역사로 이루어 나가십니다. 율법 자체는 의롭고 선한 것입니다. 하나님께 서 언약하여 주신 것인데 나쁜 것을 주시겠습니까? 아닙니다. 하나 님의 율법은 거룩합니다. 그러면 문제는 무엇입니까? 인간 된 우리 가 약하고 무능력하다는 것입니다. 왜냐? 인간은 죄인이기 때문입 니다. 우리가 아무리 애쓰고 노력을 해도 죄를 짓게 됩니다. 그것을 무엇이라고 하느냐 하면, '죄의 권세를 벗어날 힘이 없다'고 말합니 다. 율법에서, '이건 죄다 죄짓지 마라' 분명하게 말하고 있음에도 불구하고 인간이 그 죄를 거부할 힘이 없습니다. 이것이 인간이 처한 비참한 현실입니다.

이것은 성경이 인간을 바라보는 관점이 철저하게 세상과 다르다는 것을 말해줍니다. 세상은 인간의 본성이 죄로 타락했고 죄로 오염된 죄인이라는 것을 말하지 않습니다. '인간은 선하다', '하늘의 본성을 가지고 있다' 그렇게 말하고 인간의 내면에 신성이 있다. '내면에 불꽃이 있다' 그렇게 말합니다. 인간의 자율성, 자유, 나만의 세상 그런 것을 말합니다. 그러니 그들의 관심은 이 세상의 현실이고 그 현실을 변화시켜 가기 위해서 혁명을 일으켜야 하고 저항하고 폭거해야 합니다.

예수님께서 이 땅에 오셨지만 그렇게 혁명을 일으키고 사람을 모아서 정치적 도모를 하지 않으셨습니다. 유대인들이 생각했던 메시아와는 너무 다른 모습이었습니다. 그 대신에 인간의 그 내면에 있는 죄악성을 계속해서 말씀하셨습니다.

> 화 있을진저 외식하는 서기관들과 바리새인들이여 잔과 대접의 겉은 깨끗이 하되 그 안에는 탐욕과 방탕으로 가득하게 하는도다(마 23:25)
> 주께서 이르시되 너희 바리새인은 지금 잔과 대접의 겉은 깨끗이 하나 너희 속인즉 탐욕과 악독이 가득하도다(눅 11:39)

이런 말씀을 듣고 그냥 있을 수 없었던 것이 서기관과 바리새인들이었고 유대지도자들이었습니다. 결국 그 당시 가장 극형이었던 십자가에 예수님을 못 박아 죽였습니다.

말은 참 좋아 보입니다. 하나님의 주권사상이라는 이름으로 온 영역, 곧 정치, 경제, 사회, 문화, 종교, 예술 모든 분야에 하나님의 주권이 미쳐야 한다. 그래서 정치에 참여합니다. 그러나 역사가 말해줍니다. 그렇게 해서 성공한 적이 없습니다.[4] 왜냐하면 다 같이 진흙탕 싸움이 되고 말기 때문입니다.

성경에서 예수님께서는 그렇게 안 하셨습니다. 인간의 진정한 문제는 환경의 문제, 이 사회의 구조적 문제가 아니라 인간의 죄, 그 죄가 문제라고 말씀하셨습니다. 그것을 여호와의 율법이 분명하고 확실하게 말해줍니다.

성경은 그렇게 죄로 죽을 인생들을 위해 예수님께서 십자가의 피로 그 죄를 다 담당하시고 구원하셨다는 것을 선포합니다. 그리스도의 의를 덧입혀 주시고 하나님의 자녀로 삼으셨습니다.

죄의 해결은 우리 안에서 우리가 만들어 내는 것이 아니라 우리 밖에서, 예수 그리스도로 말미암아 건짐을 받은 것입니다. 그래서 예수님이 구세주이십니다. 예수님은 영적인 안내자가 아닙니다.

그것을 로마서 8장 2절에서는 이렇게 말합니다.

> 이는 그리스도 예수 안에 있는 생명의 성령의 법이 죄와 사망의 법에서 너를 해방하였음이라(롬 8:2)

예수 안에 있는 "생명의 성령의 법"이라는 말은, '생명의 원리' 또는 '생명의 직분' 또는 '새 언약의 은혜' 속에 있다는 말입니다. 왜냐하면 예수 그리스도는 죄인들을 구원하시는 분이시기 때문입니다. 율법이 사람들의 죄를 정하여 죽이게 했다면 예수 그리스도

---

4) 이 말이 그리스도인이 정치를 하지 말아야 한다는 것이 아닙니다.

는 사람들을 그 죄에서 구원하여 생명을 주셨습니다. 율법을 지켜 구원을 얻지 못합니다. 율법을 지키려고 해도 아무도 그 율법을 다 지킬 수가 없습니다. 더구나 율법은 사람들의 죄를 드러냅니다. 구원은 율법을 지켜서 이루어지는 것이 아닙니다. 구원은 예수 그리스도의 십자가의 피 흘림으로 이루어졌습니다.

이제 예수 그리스도의 은혜로 구원을 얻은 것이니, 율법은 필요 없습니까? 아닙니다. 왜냐하면 성경의 구원은 율법의 요구를 이룬 구원입니다. 천국은 의로워야 들어갈 수 있기 때문입니다. 이것을 우리가 헷갈립니다. 예수님 십자가 구원 이렇게 들어오기 때문에 율법은 소용이 없나보다 그렇게 생각합니다. 아닙니다. 구원이라는 철저하게 율법의 요구를 이루어 낸 것이 구원입니다. 예수님의 십자가 피 흘림은 그 율법의 요구를 우리가 이룬 것이 아닙니다.

우리는 살아가면 갈수록 죄가 점점 더 많이 늘어갈 뿐입니다. 죄에 파묻혀 죽습니다. 그러나 예수님께서 오셔서 그 율법의 요구를 다 이루셨습니다. 그것을 어떻게 이루셨습니까? 삶으로도 살아내셨고, 그 마지막에 십자가를 지심으로 다 성취하셨습니다. 율법이 요구하는 것을 십자가로 이루셨습니다.
우리가 율법에 대하여 죽었다는 것은 율법의 기능에 대하여 죽었다는 뜻입니다. 무슨 기능을 말합니까? 그 율법 때문에 사망에 이르게 하는 그 기능이 죽었습니다.

생명에 이르게 할 그 계명이 내게 대하여 도리어 사망에 이르게 하는 것이 되었도다(롬 7:10)

하나님께서 율법을 주신 것은 생명에 이르게 하기 위함입니다. 선악과도 마찬가지입니다. 에덴동산의 아담과 하와에게 주신 율법은 선악과입니다. 그들을 부러 죽이려고 말씀하신 것이 아닙니다. 하나님께서 아담을 벌하시려고 일부러 덫을 놓아서 걸려들게 하려고 그런 것이 아닙니다. 하나님의 언약의 백성으로 살아가는 길이요 원리로서 주신 것입니다. 그것이 가장 인간답게 되는 길이고 그 언약의 말씀을 지키는 것이 가장 충만한 의미와 통일성을 누리는 길이었습니다.

그러나 사탄의 꾀에 넘어간 아담과 하와는 그 생명을 누리고 살아가는 것은 자기 힘으로 해보겠다고 나섰습니다. 이것이 인간이 저지른 최초의 죄입니다. 하나님께서 경영하시는 것을 자기가 경영하겠다고 한 것입니다. 하나님께서 주신 율법은 하나님의 사람들로 하여금 영광스럽게 살아가도록 허락하신 것입니다.

그러나 타락한 죄인은 이 율법 앞에 설 때마다 율법의 거룩한 그 본래의 내용으로 가지 않고 매일 매 순간 정죄를 당합니다. '너 이런 죄 지었지, 저런 죄 지었지' 그것이 목을 조여 옵니다. 여기에 현대인의 절망과 비참이 있습니다. 마음에 새겨진 양심의 법으로 괴롭습니다. 허탈합니다. 그러나 해결할 길이 없습니다. 인간은 자기 문제를 해결하지 못합니다.

그런데 사람들이 예수님께는 오지 않고, 명상과 요가수련을 합니다. 자기를 신으로 만듭니다. 원래 율법이 생명에 이르게 하는 것인데, 죄인들은 그 율법 앞에서 정죄를 계속 당하고 있는 것입니다. 율법이 그런 두 가지 기능을 가지고 있습니다. 율법은 인간이 얼마나 죄인인가 하는 것을 드러내고, 사람이 자기 스스로는 구원에 이를 수 없다는 것을 깨닫게 하고 확인하게 합니다. 성령님께서는 그런 죄인들의 마음에 역사하셔서 그 죄에서 벗어나는 길은 오직 예수 그리스도밖에 없다는 것을 알게 하십니다. 그래서 율법을 몽학선생이라 합니다.

> 이같이 율법이 우리를 그리스도에게로 인도하는 몽학 선생이 되어 우리로 하여금 믿음으로 말미암아 의롭다 함을 얻게 하려 함이니라(갈 3:24)

율법은 우리로 하여금 인간의 죄 된 비참함을 알게 하고 예수 그리스도께로 인도합니다. 그러나 그 율법이 가진 그 거룩한 내용이 없어진 것이 아닙니다. 그것은 하나님의 백성으로 살아가며 하나님의 나라의 원리로 살아가야 하는 것들을 말하고 있습니다. 이것은 변하지 않습니다. 옛언약의 내용이 새언약의 내용이나 똑같습니다. 여호와 하나님이 우리 하나님이 되시고 우리는 여호와의 백성입니다. 율법이 생명인데 거룩인데 그것은 우리가 만들어 내는 것이 아니라 예수 그리스도께서 이루시고 성령 하나님께서 우리에게 적용하십니다.

지금 이 시대는 초영성 시대로 진입하고 있는 시대입니다. 이미 초영성의 흐름들이 이 시대를 장악해 가고 있습니다. 타종교에서만 그러는 것이 아니라 예수 그리스도께서 십자가의 피로 세우신 교회가 그렇게 되어 가고 있습니다. 그러나 거의 대부분은 알지 못합니다.

그 중요한 흐름에 무엇이 있습니까? 세상의 신비주의 영성이 있습니다. 그러나 더 중요한 것은 이 거룩한 하나님의 율법과 언약을 잊어가고 있다는 것이 중요합니다. 우리는 지금 내 상처, 내 아픔, 내 눈물 그것을 해결하는 데 마음이 급하고, 하나님의 명령, 하나님의 원하심, 그런 것은 마음에 두지 않습니다. 왜냐하면 하나님의 명령이라는 것이 내 삶과는 너무 거리가 멀다고 생각하거나 상관이 없다고 생각하기 때문입니다.

과연 그렇습니까? 우리가 그렇게 생각하고 있다면 아직도 자기 속에 파묻혀 있거나 예수님을 잘못 믿고 있는 것입니다.

여러분의 아픔과 고생하는 것들을 모른 채 하겠다는 것이 아닙니다. 그 고생 속에서 하나님을 알아 가고 예수 그리스도의 십자가로 나아가는 것이 아니면 아무런 소용이 없습니다. 남들보다 더 많이 고생해서 남들보다 더 서럽고 더 많이 한스럽고 그래서 돌아서면 눈물만 흐르고 그렇게 살아가고 있다면 예수님을 모르고 사는 것이거나 아직도 유아적 신앙에서 벗어나지 못하거나 이 거룩한 율법이 무엇을 요구하고 있는지 모르고 사는 것입니다.

'이런 생활이 아니라면 하나님의 말씀대로 살아갈 수 있을 건데'라고 생각하지 마시기 바랍니다. 그 속에서 견디어내야 하고 그 속에서 예수 십자가를 알아 가야 하고 그 속에서 따뜻한 인격으로 변화되어야 하고 그 속에서 하나님의 사람답게 살아가야 합니다. 그것이 안 되면서 '하나님, 이거는 아니지요. 바꿔 주세요.' 그렇게 기도만 하고 세월을 보내면 살아갈수록 허해질 수밖에 없습니다. 성도는 그것을 어떻게 감당해 갑니까? 구원과 언약으로 이겨갑니다. 거기에 생명이 있고 그 생명이 살아가도록 의미와 통일성을 부여받기 때문입니다. 자기 체험으로 가지 않습니다.

　지금 우리는 출애굽기를 배우고 있습니다. 애굽에서 벗어나서 자유롭게 되는 것만이 목적이 아니라 여호와 하나님과 언약하고 그 백성답게 살아가는 것을 말하는 것이 출애굽기입니다. 거기에 핵심으로 등장하는 것이 성막이고 율법입니다. 그것으로 여호와의 백성들을 거룩하게 만들어 가십니다. 초월로 가는 것이 아니라고 했습니다.

　이 생명의 말씀을 지켜야 사는 것입니다. 그것은 영원한 법입니다. 그걸 라틴어로 '렉스 아에테르나'(Lex aeterna), '영원의 법'이라고 합니다. 인간이 하나님 나라의 사상으로 살아가는 그 근본이 무엇이며, 이 땅 위에서 하나님의 백성으로 가져야 할 바른 윤리의 기초가 무엇인지 명확하게 보여주는 것이 율법입니다. 그리스도 안에서 이룬 것이 무엇이며 이 율법이 우리에게 거룩과 경건으로 요구하는 것이 무엇인지 제대로 알아서 이 언약의 말씀에 충성하며 살아가므로 예수 그리스도 안에서 풍성한 생명을 누리며 살아가는 성도들이 다 되시기 바랍니다.

시내산 언약과 도약 3

아브라함과 이삭과 이스라엘을 기억하소서

7 여호와께서 모세에게 이르시되 너는 내려가라 네가 애굽 땅에서 인도하여 낸 네 백성
이 부패하였도다 8 그들이 내가 그들에게 명한 길을 속히 떠나 자기를 위하여 송아지를
부어 만들고 그것을 숭배하며 그것에게 희생을 드리며 말하기를 애굽 땅에서 인도하여
낸 너희 신이라 하였도다 9 여호와께서 또 모세에게 이르시되 내가 이 백성을 보니 목이
곧은 백성이로다 10 그런즉 나대로 하게 하라 내가 그들에게 진노하여 그들을 진멸하고
너로 큰 나라가 되게 하리라 11 모세가 그 하나님 여호와께 구하여 가로되 여호와여 어
찌하여 애굽 땅에서 인도하여 내신 주의 백성에게 진노하시나이까 12 어찌하여 애굽 사
람으로 이르기를 여호와가 화를 내려 그 백성을 산에서 죽이고 지면에서 진멸하려고 인
도하여 내었다 하게 하려 하시나이까 주의 맹렬한 노를 그치시고 뜻을 돌이키사 주의 백
성에게 이 화를 내리지 마옵소서 13 주의 종 아브라함과 이삭과 이스라엘을 기억하소서
주께서 주를 가리켜 그들에게 맹세하여 이르시기를 내가 너희 자손을 하늘의 별처럼 많
게 하고 나의 허락한 이 온 땅을 너희의 자손에게 주어 영원한 기업이 되게 하리라 하셨
나이다 14 여호와께서 뜻을 돌이키사 말씀하신 화를 그 백성에게 내리지 아니하시니라
(출 32:7-14)

하나님께서 자기 백성들을 얼마나 사랑하시는지 우리는 잘 모릅
니다. 사실은 잘 모르는 정도가 아니라 너무너무 모릅니다. 하나님
의 마음을 알 만큼 안다고 생각할지 모르지만 하나님의 마음과 우
리의 마음은 너무 다를 때가 많습니다.

우리는 섭섭해합니다.

'어찌 하나님은 나를 이렇게도 몰라주실까?'

나이가 들어갈수록 더 사랑하고 더 용서하고 그리 살아야 하는데, 내가 요만큼 걸어가면 외로움은 저만큼 가 있습니다.

'이거는 아니지 왜 이렇게 살어?'

그런 마음 들 때마다 그래도 살아온 세월이 아까워서 좀 더 살아봐야지 하고 자기를 추슬러 보려고 합니다.

우리 사는 거는 내 마음 같지 않습니다. 그럴 때마다 우리가 마음을 두어야 하는 곳은 음악이 흐르는 커피숍이 아니라 구원하시고 언약하신 여호와 하나님이십니다. 사는 것이 무엇인지 그래도 이정도는 알게 된 것이 우리의 능력이 아닙니다.

'예수님 모르고 살았으면 어찌 살았을까?'

그것은 외면할 수 없는 사실입니다. 오늘도 이 주일에 하나님 앞에 나와서 '하나님 저 왔어요' 하고 고개 숙이고 살게 되거는 전적으로 하나님의 은혜입니다. 그 마음을 늙어 죽을 때까지 가지고 살아야 합니다.

모세가 죽기 전에 이스라엘 자손들을 위해 축복했습니다. 성경은 그때 모세를 뭐라고 하느냐 하면, '하나님의 사람 모세'라고 했습니다. 아, 정말 말만 들어도 심장이 막 떨리는 표현입니다. '하나님의 사람 모세' 신학교 시절에 히브리어 조금 알아 갈 때 정말 기분이 달랐습니다. '모세 이쉬 하엘로힘' 하나님께서 부르시고 하나님의 백성을 애굽에서 구원하여 내고 언약하여 가르치고 인도하게 한 모세입니다. 모세가 축복하지만 하나님께서 모세를 통하여 이스라엘에게 복을 주시고 계십니다.

무엇이라고 복을 주십니까?

> 26 여수룬이여 하나님 같은 자 없도다 그가 너를 도우시려고 하늘을 타시고 궁창에서 위엄을 나타내시는도다 27 영원하신 하나님이 너의 처소가 되시니 그 영원하신 팔이 네 아래 있도다 그가 네 앞에서 대적을 쫓으시며 멸하라 하시도다 28 이스라엘이 안전히 거하며 야곱의 샘은 곡식과 새 포도주의 땅에 홀로 있나니 곧 그의 하늘이 이슬을 내리는 곳에로다 29 이스라엘이여 너는 행복자로다 여호와의 구원을 너같이 얻은 백성이 누구뇨 그는 너를 돕는 방패시요 너의 영광의 칼이시로다 네 대적이 네게 복종하리니 네가 그들의 높은 곳을 밟으리로다(신 33:26-29)

'여수룬'이란 '의로운 백성'이라는 뜻입니다. 이스라엘을 사랑스럽게 부르는 애칭입니다. 여호와 하나님께서 이스라엘을 얼마나 사랑하십니까? 너를 도와주시려고 하늘을 타고 오시는 분이시라고 표현합니다. 하나님께서 그 모든 것을 동원해서 너를 도와주신다는 말씀입니다.

그런 까닭에 29절에서, "이스라엘이여 너는 행복자로다 여호와의 구원을 너같이 얻은 백성이 누구뇨?"라고 말했습니다. 여호와 하나님께서는 '여호와가 네 방패가 되신다', '여호와가 네 영광의 칼이다', '네 대적이 복종할 것이다', '네가 승리할 것이다'라고 말씀해 주셨습니다.

이렇게 사랑하시고 도와주시는 데 이스라엘은 무엇이라고 말했습니까? '싫어요' 그랬습니다. 그냥 갑자기 세상이 얼어버렸습니다. 하나님께서 너무 마음 아파하셨습니다. 그런데 이스라엘은 그것을 좋아했습니다. 좋아도 너무 좋아서 잔치를 벌였습니다. 지난주에 보았던 출애굽기 32장 6절 말씀처럼 "이튿날에 그들이 일찌기 일어나 번제를 드리며 화목제를 드리고 앉아서 먹고 마시며 일어나서 뛰놀더라"고 했습니다. 하나님이 내가 원하는 하나님이 아니니까 내가 원하는 하나님 만들어 놓고 먹고 마시고 뛰놀았습니다. 예배를 드리는 데 경외하는 마음이 없어지는 것은 하나님께 예배하는 것이 아닙니다. 그것은 내가 원하는 하나님께 예배하는 것입니다. 그것이 얼마나 무서운 것인지 모릅니다.

우리는 너무 모릅니다. 하나님의 마음을 너무 모릅니다. 이렇게 사는 것이 마음이 들지 않기 때문입니다. 세상 사람들이야 마음이 들지 않는 것은 돈이 전부라서 그렇다 치지만, 어떻게 예수님을 믿는다 하면서도 말을 안 해서 그렇지 그 속은 더 합니다. 매일 부르는 노래가 이런 노래입니다. "어디까지 왔니~"언제 이 인생을 끝내나 싶은 마음입니다.

이 신명기의 말씀을 읽으면 꼭 생각나는 분이 있습니다. 아시는 분은 아는 일입니다. 1887년, 매우 겸손하고 신실한 음악교수 한 분이 있었는데 A. J. 슈발터라는 분입니다. 그분이 어느 날 매우 슬픈 소식을 접합니다. 그가 가르쳐서 내보낸 두 명의 제자들이 함께 아내를 잃었다는 소식이었습니다. 이 두 제자는 절망 가운데 있었습니다. 그들은 존경하는 교수님에게 위로를 받고 싶었습니다.
그러나 슈발터 교수는 그들에게 위로할 말이 없었습니다. 그는 성경을 펼쳐 들었습니다. 신명기 33장 27절의 말씀이 그의 눈에 들어왔습니다. "영원하신 하나님이 너희 처소가 되시니 그 영원하신 팔이 네 아래 있도다." 이 구절들로 슈발터 교수는 합창곡을 만들어서 제자들에게 보냈습니다. 그 찬송이 바로 458장입니다.

주의 친절한 팔에 안기세 우리 맘이 평안하리니
항상 기쁘고 복이 되겠네 영원하신 팔에 안기세.
날이 갈수록 주의 사랑이 두루 광명 하게 비치고
천성 가는 길 편히 가리니 영원하신 팔에 안기세.
주의 보좌로 나아갈 때에 기뻐 찬미소리 외치고
겁과 두려움 없어지리니 영원하신 팔에 안기세.
주의 팔에 그 크신 팔에 안기세
주의 팔에 영원하신 팔에 안기세

무엇이 마음에 안 드십니까? 어디에 가면 내 마음이 편안해질 거 같습니까? 아무도 모릅니다. 어디에도 없습니다. 사람은 위로해 주지 못합니다. 내가 사랑하고 내가 붙들고 가야 하는 이 길은 하나님께서 거룩과 경건으로 이끌기 위하여 섭리하시는 길임을 믿고 가는 것입니다. 그것이 우리의 신앙이요 삶입니다.

이 인생의 가는 길이 마음에 안 든다고 엉뚱한 길로 가지 마십시오. 내 마음 같지 않다고 서러워하지 마십시오. 누구를 찾아간들 그것이 없어지고 달라지겠습니까? 아닙니다. 내 맘 같지 않은 그 인생이기에 하나님을 붙들고 사는 것입니다.

오늘 읽은 말씀에서, 여호와께서 모세에게 말씀하셨습니다. '네 백성이 부패하였다. 목이 곧은 백성이다.' 그러셨습니다. 이 백성들이 부패했다는 것이 생선이 부패하듯이 그렇게 부패했다는 것입니까? 아닙니다.

여기서 '부패했다'는 것은 '망하다', '그르치다'는 뜻입니다. 이스라엘 백성이 하나님의 언약을 배반하고 이스라엘 백성을 향한 하나님의 계획을 망쳐버렸습니다. 하나님께서는 그들을 진멸하겠다고 하셨습니다. 진멸하겠다는 것은 다 죽여서 끝을 내겠다는 뜻입니다.

왜 그렇게 그 지경까지 이스라엘이 가게 되었습니까?

애굽에서 나왔지만 여전히 생각하고 살아가고 마음에 바라고 사는 것이 변하지 않았기 때문입니다. 사람들은 그렇습니다. '하나님께서 그 마음까지 바꾸어 주시면 되지 않는가?' 하고 구시렁댑니다. 그것은 아직 하나님의 때가 아니기 때문입니다. 하나님께서 완전히 새롭게 하시는 그날에는 우리의 마음이 완전히 바뀔 것입니다. 그러기 전에는 안 바꾸어 주십니다. 그래 놓으면 다 잘될 것 같지만 그렇지 않습니다.

사람은 한 사람이라도 자기보다 못난 사람을 보면 살맛을 느끼는 것이 인간이기 때문에 그렇습니다. 세상은 변한 것이 없는 데 나만 거룩하고 나만 경건하다 싶으면 사람이 이상하게 변합니다. 인간이 자기는 종자가 다른 줄로 아는 것입니다. 자기 의에 빠져서 삽니다. 그것이 목이 곧은 것입니다.

요즘은 세상이 광고에 홀려서 삽니다. '당신은 특별합니다.' 그 광고에서 그렇게 말하는 것은 내 주머니에서 돈 꺼내가려고 하는 말이지, 내가 좋아서 내가 특별해서 특별하다고 하는 말이 아닙니다. 그런데 그 말을 하도 많이 들으니까, 자기가 그렇게 특별한 줄로 착각을 하고 삽니다. 그것은 기분 좀 으쓱해지고 간을 빼주는 것입니다. 이것이 현대인입니다. 나한테 잘 해 준다 싶으면 눈이 뵈는 것이 없습니다. '옳으냐 그르냐' 이것이 없습니다.

이스라엘이 무엇을 잘못했을까요? 자기 기분대로 한 것입니다. 자기 욕망대로 한 것입니다. 저 시내산에 모세와 대면하여 말씀하시고 언약하시는 여호와가 어떤 분이신가? 여호와가 무엇을 원하시느냐? 그런 것은 안중에도 없었습니다. 몸에 밴 더러운 죄성을 따라 움직였습니다. 그것이 부패한 것입니다.

　성경은 이것이 바로 인간의 실상이라고 말해 주고 있습니다. 인간은 하나님의 인도와 간섭하심이 없으면 부패하고 목이 곧은 백성이 됩니다. 아무도 거기서 예외가 될 만한 사람은 없습니다.
　하나님께서는 사람을 변화시키는 과정은 자기 안에 아무런 소망이 없다는 것을 비추어 주시는 것으로 시작합니다. '내 안에는 이런 죄악밖에 없구나', '누가 나를 이런 절망과 비참함에 꺼내어 줄 수 있다는 말인가?' 그렇게 철저하게 무능력한 처지인 것을 알게 하십니다.

　그런데 이스라엘은 지금 그것을 모릅니다. 하나님께서는 이스라엘을 심판하시고 끝을 내시려고 합니다. 그때에 하나님의 사람 모세가 기도합니다. 모세는 그냥 기도한 것이 아닙니다. 하나님께서는 이 백성들을 다 죽이고 "너로 큰 나라가 되게 하리라" 그러셨습니다. 모세는 '예, 하나님, 좋습니다. 저 더러운 것들을 다 죽여 버리세요. 그리고 저를 통해 일하시옵소서.' 그렇게 안 했습니다.

　출애굽기 32장 11-13절이 그 내용입니다.

11 모세가 그 하나님 여호와께 구하여 가로되 여호와여 어찌하여 애굽 땅에서 인도하여 내신 주의 백성에게 진노하시나이까 12 어찌하여 애굽 사람으로 이르기를 여호와가 화를 내려 그 백성을 산에서 죽이고 지면에서 진멸하려고 인도하여 내었다 하게 하려 하시나이까 주의 맹렬한 노를 그치시고 뜻을 돌이키사 주의 백성에게 이 화를 내리지 마옵소서

13 주의 종 아브라함과 이삭과 이스라엘을 기억하소서 주께서 주를 가리켜 그들에게 맹세하여 이르시기를 내가 너희 자손을 하늘의 별처럼 많게 하고 나의 허락한 이 온 땅을 너희의 자손에게 주어 영원한 기업이 되게 하리라 하셨나이다(출 32:11-13)

모세의 기도에는 두 가지가 있습니다. 하나는 하나님께서 이 백성을 구원하신 일이 너무나도 큰 일이라는 뜻입니다. 이스라엘이 애굽에서 구원받은 것은 오로지 하나님의 크신 권능과 강한 손으로 인도하신 것입니다. '그렇게 세상이 발칵 뒤집혔던 일인데 지금 와서 다 죽여 버리면 저 애굽 사람들이 뭐라 하겠습니까?' 그랬던 것입니다. 열 재앙으로 애굽이 치를 떨면서 이스라엘을 내보냈는데 이제 와서 여기서 이렇게 죽어 버리면 안 된다는 의미입니다.

이것은 다만 이스라엘이 멸망 받아 죽는 것이 아까워서가 아닙니다. 여호와 하나님과 하나님의 그 구원이 우습게 되는 것입니다. 지금 이스라엘을 다 죽이면 저 세상이 하나님을 어찌 알게 되겠습니까? 모세는 하나님의 이름이 높여 여김을 받으시기를 원하며 기도했습니다.

두 번째는, 13절에 나오듯이, 아브라함과 이삭과 야곱과 맺으신 그 언약을 기억하여 달라는 것입니다. 이 기도는 여호와 하나님의 신실하심에 의지하여 기도한 것입니다. 하나님께서 어떤 분이신지 모세가 압니다. 하나님의 성품을 알고 하나님께서 그 마음에 작정하셨으면 그대로 다 이루신다는 것을 압니다. 그래서 하나님의 사람 모세 그렇게 말합니다. 우리는 아직 그런 것이 잘 안 됩니다. 조금만 일이 생겨도 섭섭해합니다.

이제 우리는 여기서 기도라는 것이 무엇인가를 생각하게 됩니다. 성도의 기도는 언제나 하나님의 구원과 언약을 근거로 합니다. '기도가 뭐 그리 어려워요. 기도는 하나님과 대화라면서요.' 대화라도 그냥 자기 속에서 나온 대로 말하면 그것이 대화가 되는 것이 아닙니다. 기도라는 것이 하나님의 구원과 언약에 기초해야 한다는 것은 우리 인생이 우리 손에 매여 있는 것이 아니라는 뜻입니다.

그러면 무엇입니까? 거룩하고 영광스러운 하나님께서 책임지시는 백성이 되었다는 뜻입니다. 하나님의 영광을 위해서, 하나님의 거룩하신 이름을 위해서 구하라는 것입니다. 내 서러움, 내 상처, 내 억울함, 내 분노, 내 욕심 이런 거에 매달리지 말고, 하나님께서 무엇을 이루려고 하시는가? 그것을 보라는 것입니다.

'그러면 나는 뭔데요? 내 상처, 내 고통 이거는 다 어쩌라구요?'

그것들 다 어쩌면 좋겠습니까? 마음대로 성질대로 다 해결하면 좋은 결과가 나오겠습니까? 우리는 모릅니다. 어쩌다 내가 이런 인생이 되었는지, 어쩌다가 내가 이 자리에 오게 되었는지 모릅니다.

그러나, 이것은 분명히 압니다. 나의 인생을 통해서 하나님의 하나님 되심을 나타내신다는 것입니다. '그런데 왜 이 모양입니까?' 그것은 내가 원인이 되고 내가 능력이 있어서 하나님의 영광을 나타내는 것으로 하지 않겠다는 것입니다. 그러기 위해서 고난이 있습니다. 물론 고난의 원천에는 인간의 죄악이 베여있습니다. 그래서 인간의 무능함, 인간의 죄악을 철저하게 알게 하십니다. 안 그러면 내가 살아서 내 의로 흘러넘칩니다.

그래서 하나님께서 원인이 되시고 하나님께서 은혜를 주시고 하나님께서 역사하심으로 하나님의 손길로 하나님의 의만 드러나게 하십니다. 그래야 하나님의 하나님 되심이 나타나서 하나님의 이름이 높이 찬양을 받으십니다.

상처받고 서럽고 억울한 것, 하나님 앞에 예수님의 이름으로 기도하십시오. 그것이 잘하는 것입니다. 하나님께서 어찌 자녀의 아픔을 모른 채하시겠습니까? 기도하게 하시는 분도 성령님이시고 기도할 때 하나님의 뜻을 알게 하시는 분도 성령님이십니다.

내가 살고 내가 대단해져서 하나님께서 영광을 받으십니까? 하나님께서는 그리 안 하시겠답니다. 성경은 언제나 그렇게 말합니다. 예수님께서 영광을 받으시기 전에 십자가를 지셨듯이, 우리가 하나님 아버지의 영광의 나라에 들어가기 전에 고난의 길을 걸어가게 하시겠답니다. 그래서 우리의 옛사람은 철저하게 죽어가고 예수 그리스도의 의로 새로워진 새사람만이 살아나도록 하시겠답니다.

아직도 내 상처가 커 보이십니까?
아직도 내 고난이 더 커 보이십니까?

아직 멀은 것입니다. 예수 그리스도의 고난이 더 커 보여야 합니다. 예수 그리스도의 십자가가 더 커 보여야 합니다. 성령 하나님께서는 그리로 이끌어 가십니다. 왜 그 인도하심이 이렇게 힘들고 어렵고 외롭고 눈물 나야 하느냐고 구시렁대지 마십시오. 안 그러면 저 이스라엘 백성들처럼 됩니다.

내 마음에 맞는 하나님, 내 마음대로 조종하는 하나님, 그래서 먹고 마시고 뛰노는 데도 그것이 죄인지도 모르고 좋아서 어쩔 줄 모르고 살아가는 불쌍한 인생이 되는 것입니다.

하나님은 그렇게 안 하시겠답니다. 하나님 마음에 작정하신 대로 만들어 가시겠답니다. 그 아픔이 있어야 예수님 십자가만 붙듭니다. 그 고난이 있어야 하루가 지나가는 시간에도 조금이라도, '하나님 없이 못 살아요' 하는 그 마음으로 살게 되는 것입니다.

하나님의 사람 모세가 무엇이라고 축복했습니까?

> 이스라엘이여 너는 행복자로다 여호와의 구원을 너같이 얻은 백성이 누구뇨 그는 너를 돕는 방패시요 너의 영광의 칼이시로다 네 대적이 네게 복종하리니 네가 그들의 높은 곳을 밟으리로다(신 33:29)

이것을 알아 가는 것입니다. '나만큼 행복한 사람이 없구나.' 그것을 알아 가는 것입니다. 이것이 나사가 하나 빠져서 머리에 꽃 하나 꽂고 히죽거리는 것이 아니고, 예수 그리스도의 구원과 언약을 알아 갈 때 나오는 고백입니다. 그 속에서 참되고 영원한 의미와 통일성을 부여받을 때 나오는 찬송입니다. 여호와 하나님께서 얼마나 나를 사랑하는지 얼마나 나를 하나님 백성답게 만들어 가시려고 하시는지, 그걸 배워가는 것입니다. 그래서 성도입니다. 그 마음으로 하나님 아버지 사랑하며 예배하며 고난도 슬픔도 이겨가는 성도들이 다 되시기 바랍니다.

시내산 언약과 도약 4

먹고 마시며 뛰놀더라

1 백성이 모세가 산에서 내려옴이 더딤을 보고 모여 아론에게 이르러 가로되 일어나라 우리를 인도할 신을 우리를 위하여 만들라 이 모세 곧 우리를 애굽 땅에서 인도하여 낸 사람은 어찌 되었는지 알지 못함이라 2 아론이 그들에게 이르되 너희 아내와 자녀의 귀의 금고리를 빼어 내게로 가져 오라 3 모든 백성이 그 귀에서 금고리를 빼어 아론에게로 가져 오매 4 아론이 그들의 손에서 그 고리를 받아 부어서 각도로 새겨 송아지 형상을 만드니 그들이 말하되 이스라엘아 이는 너희를 애굽 땅에서 인도하여 낸 너희 신이로다 하는지라 5 아론이 보고 그 앞에 단을 쌓고 이에 공포하여 가로되 내일은 여호와의 절일이니라 하니 6 이튿날에 그들이 일찌기 일어나 번제를 드리며 화목제를 드리고 앉아서 먹고 마시며 일어나서 뛰놀더라(출 32:1-6)

하나님께서 이스라엘 백성들을 구원하시고 언약하시어 거룩한 하나님의 백성으로 연단 해 가십니다. 이미 신분적으로는 거룩한 백성이 되었으나 그들의 마음으로 삶으로 거룩한 백성이 되어야 했습니다. 계속 강조해 왔듯이, 그렇게 거룩한 백성으로 만들어 가시는 일에 초월로 간섭하시기보다는 율법을 주시고 그 율법을 따라 순종하며 살아갈 때 거룩해진다고 말씀하십니다.

어떻게 그 율법에 순종할 수 있습니까? 그것은 구원과 언약에 굳게 기초할 때만 순종할 수 있습니다. 우리의 영혼의 처지와 형편이 얼마나 죄악 된 모습이었는지, 그 죄악에서 구원하시기 위하여 예수님께서 십자가 피 흘림으로 구원하신 것이 얼마나 크신 은혜인지 믿어 확신하게 될 때 순종할 수가 있습니다. 신약성경 마태복음에 보면 예수님께서는 이렇게 말씀하셨습니다.

> 28 수고하고 무거운 짐진 자들아 다 내게로 오라 내가 너희를 쉬게 하리라 29 나는 마음이 온유하고 겸손하니 나의 멍에를 메고 내게 배우라 그러면 너희 마음이 쉼을 얻으리니 30 이는 내 멍에는 쉽고 내 짐은 가벼움이라 하시니라(마 11:28-30)

예수님의 멍에는 쉽고 가볍다고 말씀하셨습니다. 어떻게 그럴 수 있습니까? 그것은 예수 그리스도를 구주로 영접하고 살아갈 때 쉽고 가벼워지기 때문입니다. 예수님의 말씀대로 우리는 모두 "수고하고 무거운 짐진 자들"입니다. 어느 누구도 예외가 없습니다. 돈 번다고 열심히 뛰어다녀도 머리가 희끗해지기 시작하고 여기도 아프고 저기도 아파 오면 사람들은 변하기 시작합니다. 희희낙락거리고 살든지, 진리가 무엇인지 생명이 무엇인지 알고 본질에 더 붙들려서 살아가든지 둘 중 하나입니다.

세상 사람들만 희희낙락거리는 것이 아니고 교회도 마찬가지입니다. 교회와도 하나님의 말씀이 무엇인지 이 성경 말씀을 어떻게 알아 가야 하는지 관심이 없는 사람들이 많습니다. 예수님을 믿고 사는 것이, 이 주일에 교회 오는 것이 무슨 노래 교실 왔다 가는 것처럼 그 정도로 형편없이 생각해서는 안 됩니다.

하나님 앞에 예배를 드리는 것은 하나님을 두려워하며 하나님께 온전히 자신을 드리는 시간입니다. 예배 시간이 왜 재미가 없냐고 말하는 것은 하나님을 모독하는 것입니다. 왜냐하면 하나님께 예배 드리러 온 것이 아니라 자기를 기쁘게 하기 위해서 예배에 참석하고 있기 때문입니다. 오늘날 교회는 예배를 축제가 되어야 한다고 말합니다. 아예 교회 이름도 '축제교회'라고 붙입니다. 사실 기독교

안에는 축제라는 말은 어울리지 않습니다. 합당한 말이 아닙니다. 예배가 축제가 되면 그때부터 교회는 본질에서 벗어나고 타락의 길로 가게 됩니다.

이런 일들이 요즘 세상에만 일어나는 것이 아닙니다. 오늘 읽은 성경에 나오는 사건과 유사한 면을 가지고 있습니다. 출애굽기 32장 1절에 나오는 대로, 모세는 여전히 시내산에 있습니다. 모세는 무엇을 하고 있었습니까? 도대체 40일이라는 시간 동안 무엇을 하고 있었습니까?

출애굽기 34장 28절에서 이렇게 말합니다.

> 모세가 여호와와 함께 사십 일 사십 야를 거기 있으면서 떡도 먹지 아니하였고 물도 마시지 아니하였으며 여호와께서는 언약의 말씀 곧 십계를 그 판들에 기록하셨더라(출 34:28)

모세는 사십 주야를 금식했습니다. 떡도 물도 마시지 아니했습니다. 어떻게 그렇게 40일 동안 지낼 수 있었는지 놀랍습니다. 그것은 말씀에 나오듯이, "모세가 여호와와 함께" 있었기 때문입니다. 이때는 모세가 두 번째 시내산에 올라간 때를 말하고 있습니다. 이때 이렇게 밤낮으로 금식했다면, 처음 시내산에 올라갔을 때도 거기서 그냥 놀고먹은 것이 아니라 금식하며 지냈을 것으로 생각됩니다.

문제는 그 시내산에 있는 모세가 문제가 아니라, 시내산 아래 있는 이스라엘 백성들이 문제였습니다. 그들은 모세가 오랜 시간 동안 시내산에 머물러 있는 것을 기다리지 못했습니다. 그들이 그렇게 기다리지 못한 이유는 아직도 여호와 하나님을 모르기 때문입니다. 왜냐하면 그들이 여호와 하나님의 구원을 입은 자들이지만 아직 그 하나님이 어떤 분이신지 제대로 알지 못하기 때문입니다. 그들은 아직도 애굽에서 신을 섬기는 그 영향들이 남아 있었습니다. 애굽의 그 우상들 앞에서 제사하듯이 여호와를 만나는 것을 그런 방식으로 생각했을 수도 있습니다. 애굽의 신들은 말을 못 하는 신, 말을 할 수 없는 그런 가짜 신이었습니다.

그러나 여호와 하나님은 자기 백성들에게 말씀하시고 간섭하시는 분이십니다. 인격적인 교제를 나누시는 분이십니다. 시내산에 있는 모세는 금식을 하면서 바로 그런 교제 속에 있었습니다. 금식하면서 자기 영성훈련을 한 것이 아닙니다. 세상의 신들은 이런 인격적인 교제가 없습니다. 그냥 열심히 빌고 지극 정성을 바치는 것으로 끝입니다.

우리의 신앙은 어떻습니까? 우리는 모세가 아닙니다. 이 말은 하나님께서 주신 말씀으로 충분하다는 뜻입니다. 새로운 계시가 필요 없습니다. 오늘 이걸 해야 할지, 저걸 해야 할지 하나님의 음성을 들어야 할 이유가 없습니다.

이스라엘 백성들은 어떠했습니까? 장정만 60만이라고 했습니다. 남녀노소 다 합하여 계수를 하면 수백만에 이르는 숫자입니다. 그들이 다 시내산에 올라갔습니까? 아닙니다. 아닙니다. 안 올라갔습니다. 왜 안 올라갔습니까? 겁이 나서 죽을 것만 같았기 때문입니다. 누구에게 십계명을 누구에게 말씀을 주셨습니까? 모세에게 주었습니다. 하나님께서 모세에게 율법을 주시고 그 말씀을 따라 살게 하셨습니다.

우리는 시내산 아래 있는 백성들과는 다릅니다.

히브리서는 이렇게 말합니다.

> 22 그러나 너희가 이른 곳은 시온산과 살아계신 하나님의 도성인 하늘의 예루살렘과 천만 천사와 23 하늘에 기록한 장자들의 총회와 교회와 만민의 심판자이신 하나님과 및 온전케 된 의인의 영들과 24 새 언약의 중보이신 예수와 및 아벨의 피보다 더 낫게 말하는 뿌린 피니라(히 12:22-24)

이 말씀은 옛언약 아래 있던 이스라엘 백성들이 시내산에서 하나님의 임재로 말미암아 벌벌 떨었던 것과 대조를 이룬다는 뜻입니다. 그에 비하여 새언약의 성도들은 예수 그리스도의 사역을 통해 천만 천사와 연합하여 즐겁고 복된 장소인 하늘의 예루살렘에 모여 하나님께 경배하며 그 앞에 나아가게 되었다는 뜻입니다.

그렇다고 새언약의 성도들에게 하나님께서 다 음성을 들려주시고 다 직접 지도하셨습니까? 아닙니다. 하나님께서 들어 사용하신 그 사역자들에게만 허락하셨습니다. 요즘은 신사도 운동으로 인해 너나 할 것 없이 다 사도라고 엉터리 사도를 만들어 내고 있습니다. 그러나 성경은 분명하게 이 성경만으로 우리에게 충분하다고 말합니다.

> 16 모든 성경은 하나님의 감동으로 된 것으로 교훈과 책망과 바르게 함과 의로 교육하기에 유익하니 17 이는 하나님의 사람으로 온전케 하며 모든 선한 일을 행하기에 온전케 하려 함이니라(딤후 3:16-17)
> 3 그의 신기한 능력으로 생명과 경건에 속한 모든 것을 우리에게 주셨으니 이는 자기의 영광과 덕으로써 우리를 부르신 자를 앎으로 말미암음이라 4 이로써 그 보배롭고 지극히 큰 약속을 우리에게 주사 이 약속으로 말미암아 너희로 정욕을 인하여 세상에서 썩어질 것을 피하여 신의 성품에 참예하는 자가 되게 하려 하셨으니(벧후 1:3-4)

이 생명의 말씀은 사사로이 만들어낸 것이 아닙니다. 성령님의 영감으로 기록된 것입니다. 하나님께서 모든 사람들에게 성경을 기록하라고 하신 것이 아닙니다. 왜냐하면 하나님께서는 권위가 있으신 분이시기 때문입니다. 우리에게는 무엇을 요구하십니까? 그 기록된 말씀에 순종하라고 하십니다.

왜 그 말씀에 순종해야 합니까? 하나님께서 주신 말씀이기 때문입니다. 하나님이 누구십니까? 우리를 창조하신 분이시며 예수 그리스도의 십자가의 피 흘림으로 우리를 죄와 사망에서 구원하여 주신 분이시기 때문입니다. 하나님의 말씀은 절대 진리이고 생명이기 때문에 순종해야 합니다. 그것이 우리 영혼의 양식이 되고 우리를 하나님의 백성되게 하기 때문에 순종해야 합니다.

이스라엘 백성들이 다 시내산에 올라가지 않았습니다. 그들은 두려웠기 때문입니다. 그런데도 모세를 기다리지 못했습니다. 이것이 문제입니다.

그 수많은 사람이 그렇게 두려워 떨었음에도 불구하고 왜 기다리지 못했습니까? 그것이 인간의 죄성입니다. 민수기 16장에 가면, 고라와 다단과 아비람과 온이 모세와 아론을 대적하여 일어납니다. 그때 모세가 고라에게 이렇게 말했습니다.

8 모세가 또 고라에게 이르되 너희 레위 자손들아 들으라 9 이스라엘의 하나님이 이스라엘 회중에서 너희를 구별하여 자기에게 가까이 하게 하사 여호와의 성막에서 봉사하게 하시며 회중 앞에 서서 그들을 대신하여 섬기게 하심이 너희에게 작은 일이겠느냐 10 하나님이 너와 네 모든 형제 레위 자손으로 너와 함께 가까이 오게 하신 것이 작은 일이 아니어늘 너희가 오히려 제사장의 직분을 구하느냐 11 이를 위하여 너와 너의 무리가 다 모여서 여호와를 거스르는도다 아론은 어떠한 사람이관대 너희가 그를 원망하느냐(민 16:8-11)

민수기 16장 1절에 보면, 고라는 "레위의 증손 고핫의 손자 이스할의 아들 고라" 이렇게 나옵니다. 그러니까 고라는 레위 지파였습니다. 그러나 제사장직은 아니었습니다. 왜냐하면 여호와께서는 레위 지파 중 아론의 후손에게만 제사장 직책을 허락하셨고, 일반 레위인에게는 성막 봉사를 분부하셨기 때문입니다. 그런데 하나님께서 그의 기쁘신 뜻을 따라 구분하신 직책을 인간적인 욕심을 가지고 넘보았습니다. 그것은 분명히 하나님의 주권을 침해하는 악행이었습니다.

무슨 말입니까? 그렇게 벌벌 떨어서 모세더러 산에 올라가라고 해 놓고서, 정작 '왜 모세만 저렇게 오래 여호와 하나님과 오래 있어야 돼?' 그랬습니다. 이것이 인간의 죄성입니다.

그리고 '그 악함이 어떻게 나타났느냐?' 하면, 출애굽기 32장 1절에서 이렇게 말합니다.

> 백성이 모세가 산에서 내려옴이 더딤을 보고 모여 아론에게 이르러 가로되 일어나라 우리를 인도할 신을 우리를 위하여 만들라 이 모세 곧 우리를 애굽 땅에서 인도하여 낸 사람은 어찌 되었는지 알지 못함이라(출 32:1)

백성들이 뭐라고 했습니까? "일어나라 우리를 인도할 신을 우리를 위하여 만들라" 이것이 무슨 말입니까? 지금 여호와 하나님께서는 저 시내산에서 모세와 함께 하시는 계시는 데, 왜 이 백성들이 신을 만들려고 했습니까? 인간은 언제나 자기 마음대로 조정하는 신을 원하기 때문입니다. 자기 외부에서 간섭하는 존재를 싫어합니다. 여호와 하나님께서는 이 백성들과 언약하려고 하시는 데, 이스라엘 백성은 자기만족을 구하려고 했습니다. 거룩한 인격적인 교제 속에서 하나님의 백성으로 만들어져 가는 것을 거부하고 인간의 욕망을 채워줄 그런 우상을 만들었습니다.

이 사람들이 어떻게 했습니까?

> 2 아론이 그들에게 이르되 너희 아내와 자녀의 귀의 금고리를 빼어 내게로 가져 오라 3 모든 백성이 그 귀에서 금고리를 빼어 아론에게로 가져 오매(출 32:2-3)

자신들의 귀의 금고리를 가져왔습니다. 2절과 3절을 보면 특이한 점이 보입니다. 2절에서는 "아내와 자녀의 귀의 금고리"라고 했고, 3절에서는 "모든 백성이 그 귀에서 금고리를 빼어" 가져왔다고 했습니다. 그만큼 금고리 장식을 많이 했습니다.

그런데 그들이 가진 그런 금장식물을 "모든 백성들이" 가져왔다는 것은 좋아서 가져왔다는 뜻이기도 합니다. 자신들의 악한 본성을 만족시켜 줄 그런 신을 만든다고 하니 너나 할 것 없이 금고리를 뺐습니다. 귀고리는 노예의 상징이기도 했고 부의 상징이기도 했습니다. 그들이 가진 금귀고리는 출애굽을 할 때 애굽 사람들로부터 빼앗은 것일 수도 있습니다.

중요한 것은 이 사막에서 그들의 중요한 살림 밑천이 되는 금장식을 신상을 만드는 데 아낌없이 바쳤다는 것입니다. 진리를 위해서 돈을 쓰는 사람들은 너무나 드뭅니다. 그러나 자기만족을 위해 돈을 바치는 사람들은 천지에 널려 있습니다. 헌금하라는 소리가 아닙니다. 사람의 죄악 된 본성이 그렇습니다. 자기 오락과 쾌락을 위해 돈 쓰는 일에는 얼마든지 씁니다. 그러나, 주님을 위해서 이웃을 위해서 천 원짜리 한 장도 아까워하는 사람들이 개혁주의를 부르짖는 것을 보면 너무나 가증스럽습니다.

이스라엘 백성들이 만든 송아지 형상은 애굽의 우상 아피스 (Apis) 본뜬 것이 해석합니다. 그들은 이 송아지를 여호와의 형상이라 했습니다(5절). 이 금송아지 우상은 그 후 이스라엘 역사에서 사라지지 않고 끈질기게 나타납니다(왕상 12:28; 대하 13:8; 호 10:5) 이스라엘이 만든 신상은 자기들이 마음대로 조종할 수 있는 신이었습니다.

우리는 어떤 하나님을 원합니까? 우리나 이렇게 우상을 만들어 죄짓는 이스라엘 백성들이나 뭐가 다릅니까? 다르다고 생각하는 사람들이 훨씬 많을 것입니다. 아닙니다. 그보다 더 하면 더 했지 모자라지 않습니다. 왜 그렇습니까? 성경만으로 만족이 안 되는 교인들이 되었기 때문입니다. 그래서 다 무엇을 하고 살아갑니까? 이런저런 집회, 성령 집회에 큐티5)로부터 시작해서 영성훈련에 이르기까지 자기를 만족시켜주는 종교 생활을 하고 있습니다.

우리는 하나님의 뜻을 알기 위해서 더 무엇을 구하거나 어디로 가야 할 필요가 전혀 없습니다. 하나님께서는 생명과 경건에 필요한 것을 다 주셨습니다. 이 세상 어떤 철학과 사상 체계보다 비교할 수 없는 생명의 말씀을 계시해 주셨습니다. 이 말씀대로 살아가며 이 말씀대로 충성하며 살다가 하나님 나라에 가는 것이 성도입니다. 그것은 '예수 그리스도만으로 만족한다'는 뜻입니다. '우리 밖에서 우리를 간섭해 가시는 하나님이 계시다'는 것을 인정하는 것입니다. 내 마음대로 살아가고 내 만족을 찾으려고 하면 이 기록된 성경만으로 안 됩니다. 왜냐하면 인간의 본성은 자기를 간섭하

---

5) 물론 순전하게 말씀을 묵상하는 분들도 계십니다. 그러나 점점 관상기도(렉시오 디비나)로 갑니다.

는 존재를 근본적으로 싫어하는 죄악 된 본성이기 때문입니다.

진정으로 참된 성도인 것을 확증 받기를 원하십니까? 그렇다면 이 성경 말씀으로 만족하시기 바랍니다. 이 성경 말씀만으로 살아가시기 바랍니다. 이 성경 말씀만으로 의미와 통일성을 누리시기 바랍니다. 성경을 우습게 보고 유진 피터슨의 『메시지』를 읽는 사람들은 자기만족을 구하는 사람들입니다. 하나님을 기쁘시게 하고 하나님을 영화롭게 하고 사시기 바랍니다. 그래야 엉뚱한 죄 안 짓고 삽니다. 우리의 평생에 오직 예수, 오직 십자가 오직 성경만 붙들고 믿음으로 살아가다가 아버지 나라에 들어가는 믿음의 성도들이 다 되시기 바랍니다.

RPTMINISTRIES
http://www.esesang91.com

시내산 언약과 도약 5

그 판들을 던져 깨뜨리니라

15 모세가 돌이켜 산에서 내려오는데 증거의 두 판이 그 손에 있고 그 판의 양면 이편 저편에 글자가 있으니 16 그 판은 하나님이 만드신 것이요 글자는 하나님이 쓰셔서 판에 새기신 것이더라 17 여호수아가 백성의 떠듦을 듣고 모세에게 말하되 진중에서 싸우는 소리가 나나이다 18 모세가 가로되 이는 승전가도 아니요 패하여 부르짖는 소리도 아니라 나의 듣기에는 노래하는 소리로다 하고 19 진에 가까이 이르러 송아지와 그 춤추는 것을 보고 대노하여 손에서 그 판들을 산 아래로 던져 깨뜨리니라 20 모세가 그들의 만든 송아지를 가져 불살라 부수어 가루를 만들어 물에 뿌려 이스라엘 자손에게 마시우니라(출 32:15-20)

하나님께서는 자기 백성들을 구원하여 언약하시고 거룩하게 하시고 영광에 이르게 하시는 분이십니다. 우리는 구원을 얻었으나 영화의 자리까지 보장을 받고 있습니다.

성경이 무엇이라고 말하고 있습니까?

또 미리 정하신 그들을 또한 부르시고 부르신 그들을 또한 의롭다 하시고 의롭다 하신 그들을 또한 영화롭게 하셨느니라(롬 8:30)

그렇게 놀라운 신분에 이르게 된 것을 현실적인 어려움으로 인해서 누리지 못하고 있는 것이 성도의 현실입니다. 하나님께서 아무리 하나님 나라의 일로 기뻐하라고 해도 우리는 이 현실이 왜 이런 것인지 괴로워하고 있습니다. 구원론이 삶을 지배하는 것을 알지 못하면 우리의 삶은 계속해서 자기 연민으로 자기 의로 가게 됩니다. 이것은 하루아침에 끝날 일이 아닙니다. 오늘은 내가 하나님의 말씀으로 다 이겨낸 것 같아도, 또 나를 향해서 달려옵니다. 계속해서 내 안에서 일어납니다. 살아온 삶에서 상처가 많을수록 고난이 많을수록 더 그렇게 일어납니다.

성도 된 우리가 그것을 이겨내는 길은 내가 보란 듯이 살아낸 삶의 결과들이 아닙니다. '나는 내 나름대로 내 인생이 있다.' 그런 것으로는 안 됩니다. 왜냐하면 그렇게 나의 능력에 기초한 것들은 오래 나를 붙들지 못하기 때문입니다. 그것이 잠시 잠깐은 흔들리는 나를 붙잡아 줄 수는 있어도 그렇게 오래 가지 못한다는 것을 살아보면 알게 됩니다.

우리는 언제나 예수 그리스도의 십자가에 기초해서 바르게 가야 합니다. '그리스도께서 저 십자가에서 우리를 위하여 못박혀 죽으시고 부활하셨다'는 것을 계속해서 붙들어야 합니다. 왜냐하면 그렇게 십자가 안에서 우리를 바라볼 때 우리의 진정한 모습을 볼 수 있기 때문입니다.

그 진정한 모습이라는 것이 무엇입니까? 존재론이 성경적이라야 합니다. 성경적인 존재론은 무엇입니까? 인간은 허물과 죄로 죽은 죄인입니다. 한 사람 아담이 범죄하고 타락한 것이 아담 이후로 태어나는 모든 인간에게 그 영향이 미쳐서 모든 인간은 아담의 죄성을 물려받게 되었습니다. 인간은 하나님을 거역했고 배반했습니다.

인간은 그것을 알지 못합니다. 그런데 그 많은 사람 중에서 하나님께서 택하여 부르시는 사람들이 있습니다. 여러 모양으로 인간의 한계를, 인간의 죄악을 알게 하십니다. 성령님께서 사람들의 마음에 역사하시어서 예수님을 영접하게 하십니다. 그것은 참으로 은혜입니다. 자기 죄를 회개하고 예수 그리스도를 믿어 구원에 이르게되었습니다. 이제는 하나님의 백성이요 하나님의 은혜가 지배하는 하나님의 자녀입니다.

우리가 예수 그리스도 안에서 우리의 신분을 확인한다는 것은 무슨 의미가 있습니까?

첫 번째는 우리가 예수 그리스도의 피로써 구원받아 저 마지막 영화의 자리에 가기까지 하나님께서 우리를 놓치지 않으신다는 것입니다. 왜냐하면 구원이 우리의 결단과 선택으로 이루어진 것이 아니기 때문입니다. 이것은 우리 존재가 영원히 안전하다는 뜻입니다.

성경은 그 사실을 분명하게 말합니다.

너희가 그 은혜를 인하여 믿음으로 말미암아 구원을 얻었나니 이것이 너희에게서 난 것이 아니요 하나님의 선물이라(엡 2:8)
27 내 양은 내 음성을 들으며 나는 저희를 알며 저희는 나를 따르느니라 28 내가 저희에게 영생을 주노니 영원히 멸망치 아니할 터이요 또 저희를 내 손에서 빼앗을 자가 없느니라 29 저희를 주신 내 아버지는 만유보다 크시매 아무도 아버지 손에서 빼앗을 수 없느니라(요 10:27-29)
너희 속에 착한 일을 시작하신 이가 그리스도 예수의 날까지 이루실 줄을 우리가 확신하노라(빌 1:6)

하나님께서 선물로 주신 구원이며 하나님께서 시작하신 구원이기에 그 마지막까지 완성하시는 하나님이십니다. 이것이 확실하다는 것을 우리에게 무엇을 주셨습니까?

> 4 이 장막에 있는 우리가 짐 진 것같이 탄식하는 것은 벗고자 함이 아니요 오직 덧입고자 함이니 죽을 것이 생명에게 삼킨 바 되게 하려 함이라 5 곧 이것을 우리에게 이루게 하시고 보증으로 성령을 우리에게 주신 이는 하나님이시니라(고후 5:4-5)

성령님을 우리에게 보증으로 주셨습니다. 성령님께서 우리 안에 계시는 증거는 무엇입니까? 예수 그리스도를 믿어 구주로 고백하고 시인하게 된 것입니다. 누구처럼 하나님께서 음성을 들려주셨다. 그렇게 하는 것이 대단한 것이 아닙니다. 누구처럼 '무슨 체험을 주셨다' 그렇지 않아도 됩니다. 우리 존재의 변화와 지지는 우리 스스로 만들어 내는 것이 아니라 우리 밖에 살아계시고 인격적인 하나님으로부터 주어졌습니다.

부활하신 예수님께서 의심하는 도마에게 오셔서 무엇이라고 말씀하셨습니까?

> 27 도마에게 이르시되 네 손가락을 이리 내밀어 내 손을 보고 네 손을 내밀어 내 옆구리에 넣어보라 그리하고 믿음 없는 자가 되 지 말고 믿는 자가 되라 28 도마가 대답하여 가로되 나의 주시며 나의 하나님이시니이다 29 예수께서 가라사대 너는 나를 본 고로 믿느냐 보지 못하고 믿는 자들은 복되도다 하시니라(요 20:27-29)

예!!! 아멘입니다!!!

우리는 예수님을 본 적이 없는데도 이렇게 믿고 있습니다. 우리는 사도들처럼 예수님의 얼굴을 본 적도 없습니다. 베드로처럼 고기를 잡은 적도 없고 함께 배를 타고 간 적도 없습니다. 오병이어의 기적 속에서 생선도 빵도 먹어본 적이 없습니다. 예수님께서 십자가에 못 박히시는 장면을 목격하지 않았습니다. 예수님께서 부활하시는 현장에 우리는 있지 않았습니다. 예수님께서 승천하시는 장면을 지켜본 적이 없습니다.

그런데 지금 우리는 예수님을 믿고 있습니다. 이것이 중요한 것입니다. 할렐루야! 이것이 우리의 믿음입니다. 이 믿음을 우리에게 주신 분은 성령 하나님이십니다. 우리가 잘 나서 여기에 온 것이 아닙니다. 성령님께서 허물과 죄로 죽은 우리 존재를 변화시킨 것이 구원입니다.

이 믿음에 굳게 서도록 성령님께서 끊임없이 역사하시고 계십니다. 어떻게 역사하십니까? 지난날의 상처와 한 맺힌 것들이 계속해서 나를 절망으로 끌어내리려고 하지만 성령님께서는 계속해서 우리를 하나님께로 향하게 합니다. 왜냐하면 참된 소망은 우리 안에 있는 것이 아니라 하나님께만 있기 때문입니다.

고생을 얼마나 했느냐? 지금이 얼마나 고통스러우냐? 그것이 전부가 아닙니다. 그 고난 때문에 하나님께로 가고 있으면 정말 좋은 인생을 살고 있는 것입니다. 마음속에 '이건 아니다. 이건 아니다.' 그런 생각을 죽여야 합니다. '이건 아니다'가 아니라, '이것 때문에 내가 십자가 앞으로 간다. 이것 때문에 내가 하나님의 은혜를 구하게 된다.' 그래야 합니다.

두 번째로, 우리가 예수 그리스도 안에서 우리의 존재와 신분을 확인하고 살아간다는 것은 우리의 죄악 된 본성을 끊임없이 확인하고 간다는 것입니다. 그것은 오늘 읽은 말씀을 통하여 확인하려고 합니다.

이제 모세는 산에서 내려옵니다. 이 백성에게 여호와의 언약의 말씀인 율법을 전해주기 위해서 내려옵니다. 모세는 하나님과 거룩한 교제 속에서 이 율법을 받고 거룩하고 기쁜 마음으로 이스라엘을 향해서 내려옵니다.

그러나 모세가 진(陣)에 가까이 왔을 때, 모세는 이스라엘의 상태가 얼마나 심각한지 알게 되었습니다. 이스라엘 자손들 의 진에서는 큰 고함소리가 나고 있었습니다. 성경은 모세를 수종 들며 모세와 함께 있었던 여호수아의 반응을 말해 주고 있습니다.

> 여호수아가 백성의 떠듦을 듣고 모세에게 말하되 진중에서 싸우는 소리가 나나이다(출 32:17)

여호수아는 이스라엘 가운데 무슨 전쟁이 일어난 줄로 생각했습니다. 이스라엘 백성들이 얼마나 큰 소리를 내었길래 시내산에서 내려오는 여호수아의 귀에 전쟁 소리인 줄로 생각하게 했겠습니까? 모세와 여호수아가 없는 사이에 다른 족속들이 쳐들어와서 전쟁이 일어난 것처럼 들렸습니다. 그러나 모세는 그 소리가 전쟁이 일어났을 때의 소리가 아니라는 것을 알아차렸습니다.

> 모세가 가로되 이는 승전가도 아니요 패하여 부르짖는 소리도 아니라 나의 듣기에는 노래하는 소리로다 하고(출 32:18)

이것이 무슨 말입니까? 모세는 애굽의 우상숭배를 잘 알고 있었기 때문입니다. 그것을 요즘 말로 '이집션 쉐이크'(The Egyptian Shake)라고 합니다. 그것은 애굽에서 우상을 숭배할 때 술잔치를 벌이면서 음란한 춤을 추는 것입니다. 지금 이런 '이집션 쉐이크'를 릭워렌의 새들백 교회 청소년부에서 실제로 행하고 있습니다. Grace Church의 학생부(미국)에서도 이런 일을 하고 있습니다.6) 그러면서도 그들은 사명을 무엇이라고 말하느냐 하면, "사람들의 삶이 변화되며 더욱 그리스도를 알아 가는 것을 돕는 것"이라고 말합니다.7) 그들은 과학과 창조에 대하여 강의를 합니다. 그러면서 창세기에 기록한 대로 믿어야 한다고 말합니다. CCM을 부르면서 이런 죄악들을 서슴지 않고 행하는 교회들이 점점 늘어가고 있습니다. 이 사람들이 뭐라고 했습니까?

> 그들이 내가 그들에게 명한 길을 속히 떠나 자기를 위하여 송아지를 부어 만들고 그것을 숭배하며 그것에게 희생을 드리며 말하기를 애굽 땅에서 인도하여 낸 너희 신이라 하였도다(출 32:8)

송아지 우상을 만들어 놓고도 "애굽 땅에서 인도하여 낸 너희 신이라" 했습니다. 그러면서 하는 짓은 애굽에서 행했던 그런 음란하고 죄악 된 짓을 저지르고 있었습니다. 하나님 위한다고 하면서 그런 죄악을 행하고 있었습니다. 오늘날 교회 안에서 CCM을 안 부르면 예배가 안 되는 교회가 많습니다.

우리 한국에도 곧 이런 '이집션 쉐이크'(The Egyptian Shake)가 유행하게 될 것입니다. 안 그럴 것이라고 생각하십니까? 미국인들 그럴 것이라고 생각했습니까? 아닙니다. 호주라고 그럴 거라고 미

---

6) http://www.youtube.com/watch?v=JHRnZlSiUnA
7) http://gracecommunity.info/our-mission/ Our Mission: Grace Community Church exists to change lives for the better by helping people to know Jesus Christ, to grow in Christ-like character and to enjoy authentic Christian community.

리 내다보았습니까? 아닙니다! 아닙니다! 아닙니다! 이 한국의 교회들도 곧 그렇게 될 것입니다. 음란하게 춤추고 흔들어 대면서도 이것이 하나님을 위하는 것이라고 하는 일이 생겨날 것입니다.

그런 일들이 오늘 말씀에 나오는 이스라엘 백성들에게 일어나고 있었습니다. 그렇게 미친 듯이 춤추고 소리지르는 것이 얼마나 굉장했으면 마치 전쟁이 난 것처럼 들렸습니까? 그래서 모세가 어떻게 했습니까?

> 진에 가까이 이르러 송아지와 그 춤추는 것을 보고 대노하여 손에서 그 판들을 산 아래로 던져 깨뜨리니라(출 32:19)

잘 보십시오. "송아지와 그 춤추는 것을 보고" 그랬습니다. 그들은 송아지를 신으로 모셔놓고 춤을 추었습니다. 이건 그냥 춤이 아닙니다. 이것은 제사 지내는 하나의 형태입니다. 그게 무슨 말이냐 하면, 황홀상태, 엑스타시(ecstasy)에까지 이르러 마침내 도덕적 가치 판단 능력을 상실합니다. 그 과정에서 성적인 타락이 일어나고 무아지경에 들어가는 것입니다. 지금도 세상의 신비주의 영성에서는 이렇게 춤추는 일이 흔합니다. 그것이 현대화되어서 나오는 것이 댄스 치료, 춤 치료입니다. 그런데 그런 것들을 교회 안에서 행하고 있습니다.

왜 이런 일을 행한다고 했습니까? 그것은 그들이 자신들이 원하는 하나님을 만들어 놓았기 때문입니다. 지금 저 시내산에서 말씀하시는 하나님이 아니고, 자신들의 욕망을 채워줄 그런 하나님을 원했기 때문입니다. 우리가 하나님을 믿는다고 말하면서도 실제로는 그런 일들을 우리도 행하고 있습니다. 제발 이렇게 말하지 마시기 바랍니다.

'하나님 저는 안 그럽니다'
'저는 아니지요.'

그러지 마시기 바랍니다. 인간은 다 그렇게 행하는 것입니다. 지난 시간에도 말했듯이, 하나님의 은혜가 없이는 시내산에서 율법을 받은 모세도 우상을 만들어 놓고 음란한 축제를 벌이는 이스라엘 백성들과 똑같게 됩니다. 아론도 그랬지 않습니까!

'나는 아닙니다'
'나는 아니에요'

그럴 일이 아니라는 것입니다. 인간은 자신의 죄악을 알지 못합니다. 늘 남이 하는 일은 잘못된 줄로 알지만 자기 자신도 그렇게 같은 죄를 저지르고 있다는 것을 모릅니다. 오직 성령님께서 역사해 주실 때야 비로소 알게 됩니다. 그래서 구원은 전적으로 하나님의 은혜입니다.

"대노하여"라는 히브리어는 '분노가 불타올랐다'는 뜻입니다. 이 말은 10절에서, 하나님께서 진노하셨을 때도 쓴 말입니다. 하나님께서 우상숭배하고 죄악 된 일을 저질렀을 때 이스라엘 백성들을 위하여 구원하려고 용서해 주시기를 기도했습니다.

그러나 막상 백성들의 범죄 현장 보았을 때는 하나님께서 이 백성들을 진멸하시려고 했던 이유를 알게 되었습니다. 그래서 분노가 불타올랐던 것입니다. 하나님께 받은 그 율법의 돌판을 그냥 그대로 이스라엘에게 말해 줄 수가 없었습니다. 왜냐하면 그 율법대로

라면 이스라엘은 정말 그 자리에서 다 죽어야 했기 때문입니다.

그렇게 율법을 다 깨뜨리고 죄악을 행하던 사람들이 죽임을 당하지 않고 살아난 사건이 무엇입니까? 그것은 바로 예수님의 십자가 사건입니다. 율법대로 하자면 다 죽어야 하는 자기 백성들을 대신해서 예수님께서는 십자가에 죽으심으로 율법의 저주와 진노를 다 담당하시고 자기 백성들을 구원해 내셨습니다. 우리가 하나님을 저버리고 우리가 하나님 없이 살면서 우리 마음대로 살아오면서 죄를 짓는 줄도 모르고 살았습니다.[8] 그러나 예수님께서 우리 죄를 위하여 십자가에 못 박혀 피 흘려 죽으심으로 우리 죄를 사하여 주셨습니다.

왜 예수님께서는 그렇게 하셨습니까?

그리스도는 모든 믿는 자에게 의를 이루기 위하여 율법의 마침이 되시니라(롬 10:4)

예수님께서는 우리 죄를 용서해 주셨을 뿐만 아니라 우리를 의롭게 해 주시기 위하여 십자가에 죽으셨습니다. 예수 그리스도의 부활은 그것을 증명하는 역사적인 사건입니다.

우리는 언제나 예수 그리스도 안에서 우리 자신이 누구인가를 확인하고 살아야 합니다. 그래야 무너지지 않습니다. 허하지 않습니다. 율법의 정죄를 다 담당하시고 대신 십자가에 피흘려 죽으심으로 우리를 하나님의 자녀로 만드신 예수 그리스도의 은혜를 더욱 감사하면서 믿음으로 이 세상을 이기고 하나님의 백성으로 이 언약에 신실하게 살아가는 성도들이 되시기 바랍니다.

---

8) 우리가 아직 연약할 때에 기약대로 그리스도께서 경건치 않은 자를 위하여 죽으셨도다(롬 5:6)

이 송아지가 나왔나이다 1

21 모세가 아론에게 이르되 이 백성이 네게 어떻게 하였기에 네가 그들로 중죄에 빠지게 하였느뇨 22 아론이 가로되 내 주여 노하지 마소서 이 백성의 악함을 당신이 아나이다 23 그들이 내게 말하기를 우리를 위하여 우리를 인도할 신을 만들라 이 모세 곧 우리를 애굽 땅에서 인도하여 낸 사람은 어찌 되었는지 알 수 없노라 하기에 24 내가 그들에게 이르기를 금이 있는 자는 빼어내라 한즉 그들이 그것을 내게로 가져왔기로 내가 불에 던 졌더니 이 송아지가 나왔나이다(출 32:21-24)

하나님께서 이스라엘을 출애굽 하여 구원해 내시고, 여기 이 시 내산에 이르기까지 인도하여 언약하시는 까닭은 이스라엘을 하나 님의 은혜를 증거 하는 제사장 나라로 삼으시기 위함이었습니다. 그러나, 그 일을 감당하기 이전에 이스라엘은 언약 밖에서 살아왔 던 삶의 방식과 세계관들, 삶의 가치들, 목적들, 방식들을 다 버려 야만 했습니다.

그 일들은 결코 쉬운 일이 아니었습니다. 그 일을 결정적으로 이 루어가시기 위해서 이스라엘과 언약하십니다. 우리는 언약이라 하 면 너무 가볍게 생각하는 경향이 있습니다. 우리가 알고 있는 것은 언약을 사람과 사람 사이의 약속 정도로만 알고 있기 때문입니다. 언약은 하나님과 우리가 언약적인 차원에서 하나가 되는 것입니다. 그래서 언약을 결혼 관계로 말하고, 성경에서 하나님과 언약 관계를 깨트리는 것을 행음했다고 하는 이유가 거기에 있습니다. 에스 겔 선지자는 이렇게 애타게 말했습니다.

> 28 네가 음욕이 차지 아니하여 또 앗수르 사람과 행음하고 그들과 행음하고도 오히려 부족히 여겨 29 장사하는 땅 갈대아에까지 심히 행음하되 오히려 족한 줄을 알지 못하였느니라(겔 16:28-29)

이스라엘이 하나님을 저버리고 강대국들과 하나가 된 것을 두고 행음했다고 말했습니다. 그들이 그런 일에 취했던 것은 하나님께서 구원하신 목적을 잊어버리고 이 세상성으로 나갔기 때문입니다. 하나님을 섬기고 사느냐? 저 이방 나라와 손을 잡고 그들의 우상을 섬기고 사느냐? 하는 것은 매우 실제적인 문제입니다. 이스라엘만 그런 것이 아니고 우리의 삶에도 현실적으로 중요한 문제입니다.

왜 그렇습니까? 그것은 우리가 정말 관심을 가지는 것이 하나님만 믿고 살고 하나님의 영광을 드러내는 삶을 살며 예수 그리스도의 구원의 은혜를 증거 하여 한 영혼이라도 구원하는 일에 마음을 두고 살아가는 일에 목숨을 걸고 살아가야 하기 때문입니다. 이것이 우리의 마음에 생명같이 여겨지고 하나님 앞에 살아간다는 것은 쉬운 일이 아닙니다. 세상은 언제나 우리를 그냥 두지 않기 때문입니다.

이스라엘이 그랬던 것처럼 언제나 세상의 힘이 크고 그 위력이 대단하기 때문에 우리는 정말 감당이 안 될 때가 많습니다. 그런 현실이 우리가 인생을 살아가는 순간순간마다 일어납니다. 그럴 때 우리는 어떤 자세로 살아야 하는지, 정말 난감할 때가 많습니다. 그러나 사실 내가 죽어야 할 그 순간에 죽으려 하지 않고 오기와 자존심을 동원하려고 하기 때문에 사람이 엉뚱해질 때가 많습니다.

이래야 하는지 저래야 하는지 그것을 결정하기 위해 하나님의 음성을 들을 일이 아니라 내가 얼마나 내 욕심을 동원하고 있는지 그것을 먼저 보면 되는 것입니다. '직장을 옮겨야 하나 말아야 하나?' '여기서 장사해야 하나 저기서 장사해야 하나?' 그런 것으로 고민하고 기도하면서 음성을 들려달라고 할 일이 아닙니다.

여기서 돈을 벌든지 저기서 사업을 하든지 그것은 죄짓는 일이 아니면 일을 해 나가면 됩니다. 내가 그 일을 할 만한 역량이 되느냐? 준비가 되었느냐? 사람들이 갖추어졌느냐? 시기가 적절하냐? 하는 것들은 내가 종합적으로 판단해서 결정해야 할 일입니다. 그렇다고 그것이 내 의지대로만 하겠다는 것이 아니라 그런 일들까지도 기도하면서 하나님의 도움을 구하면서 만들어 가야 합니다. 그러나 정작 중요한 것은, '내가 그 일들로 인해서 내가 가야 하는 이 신앙의 길이 손해가 나느냐 안 나느냐?' 그것을 먼저 생각하는 것입니다. 우리가 당면한 일로 더 하나님께 나아가고 더 하나님 앞에 섬기며 살아가는 길로 가지 않으면 우리는 오늘 읽은 말씀과 같은 일들이 일어나게 됩니다.

여호와 하나님 앞에 이스라엘이 이런 엄청난 죄악을 짓는 일에는 모세의 형 아론이 매우 큰 책임이 있었습니다. 아론은 이스라엘 사람들이 급작스레 세운 지도자도 아니었고 아론이 스스로 모세 대신에 지도자가 되겠다고 자청하여 나서서 이 극악한 죄를 짓는 일에 대장이 된 것이 아니었습니다. 여호와 하나님께서 모세를 부르셨을 때 기어이 못 가겠다고 하는 모세에게 아론을 불러 동행하게 했습니다. 왜냐하면 아론은 달변가였기 때문입니다. 그의 말 실력은 애굽의 왕 앞에서도 당당하게 여호와의 말씀을 그대로 증거 한데서 나타났습니다. 그렇게 당당하게 말할 수 있는 것은 아무나 할 수 있는 것이 아닙니다. 그렇게 하나님의 부름을 받아 이스라엘을 출애굽 하는 일에 모세와 함께 일해 왔던 아론이었습니다. 그런데 지금은 이스라엘과 함께 음란한 죄악을 행하는 일에 주인공이 되어 있습니다. 모세가 아론에게 무엇이라고 말합니까?

> 모세가 아론에게 이르되 이 백성이 네게 어떻게 하였기에 네가 그들로 중죄에 빠지게 하였느뇨(출 32:21)

모세는 먼저 아론에게, "이 백성이 네게 어떻게 하였기에"라고 말했습니다. 여기서 '어떻게'로 번역된 부분은 '무엇을'이라고 하는 것이 보다 정확한 해석입니다. 모세는 백성들이 아론에게 무엇을 요구했는지 그것을 물었습니다. 그리고 이어서, "네가 그들로 중죄에 빠지게 하였느뇨"라고 물었습니다. 하나님의 사람 모세는 죄의 책임을 백성들에게 묻지 않고 지도자 아론에게 물었습니다. 여기서 '중죄'에 해당하는 히브리어 '큰 죄'를 뜻합니다. 모세는 아론과 이스라엘 백성들이 행한 우상숭배가 하나님 앞에서 얼마나 중대한 죄악인지를 깨닫게 했던 것입니다.

우리는 여기서 아론과 같이 중죄를 짓거나 그보다 못한 죄를 짓든지 간에 죄의 경중을 따지는 것이 아니라, '죄를 짓게 되는 그 동기가 무엇인가?'를 생각해야 합니다. 그것은 사람들이 무슨 요구를 하느냐? 하는 것입니다. 그것은 대중들이 가지는 신앙과 그 생각이 어떤 것이냐? 하는 문제입니다. 그것은 이스라엘이 언약공동체를 형성하게 되었지만 여전히 그들은 여호와의 구원과 언약에 대하여 잘 모르고 있다는 사실입니다.

모세와 아론은 그들을 가르쳐야 하는 직무를 맡은 자들입니다. 가르쳐서 무슨 결과는 만들어 내겠다는 것이 아닙니다. 이스라엘이 하나님의 백성이 되었다는 것이 무슨 의미를 가지는지, 하나님의 구원이 얼마나 놀라운 은혜인지, 어떤 목표를 가지고 살아가야 하는지, 하나님께서 이스라엘을 얼마나 사랑하시는지, 그래서 이스라엘이 이제 다시는 저 애굽으로 돌아가지 않고 대를 이어 자자손손이 영원토록 여호와 하나님만 경외하고 그 언약의 말씀에 순종하고 살아가도록 가르쳐야 했습니다.

그러나, 이스라엘 백성들은 먹고사는 문제에 더 다급합니다. 먹고 사는 문제에 다급해 하는 것은 하나님께서 살아계신 하나님이시라면 이 먹고 사는 문제에 하나님의 손길이 드러나기를 바라는 것입니다.

이것은 근대 이후로 현대적인 사상에 이르기까지 사람들이 예수님을 믿는다고 하면서도 인간이 이루어 놓은 정치, 경제, 사회, 문화, 예술에 맞는 하나님을 만들어 간다는 것입니다. 이것이 무슨 말이냐 하면, 언제나 성경이 말씀하시는 하나님으로 믿고 순종하는 것이 아니라 인간이 자기 지식 한계 내에서 하나님을 믿고 또 조종하려고 한다는 것입니다.

이 이스라엘 백성이 행했던 것처럼 하나님을 눈앞에 나타내 보여야 하고, 자기들의 욕망을 다 실현하기 위해서 종교적인 열정을 다 표현해서 그야말로 멋지고 감동적인 예배를 드렸다고 자부하는 것입니다. 이건 괜한 소리가 아닙니다. 이스라엘 입장에서 생각해 보면, 그들은 자신들이 죽을 죄를 지은 것이 아니라고 생각하는 것이 문제입니다. 자신들의 종교적 열심을 나타낸 것이 여호와 하나님의 진노를 받을 극악한 죄라는 것을 의식하지 못하는 것이 문제라는 것입니다.

이런 성경 본문을 읽을 때마다, '저 이스라엘 사람들만 나쁜 인간들이야' 그렇게 생각하지 말아야 합니다. 바리새인들과 서기관들에 대해서도 마찬가지입니다. '저 인간들이 문제야?' 그렇게 생각할 일이 아닙니다. 예수님께서 십자가를 지시기 전에 제자들에게 이렇게 말씀하셨습니다.

> 1 내가 이것을 너희에게 이름은 너희로 실족지 않게 하려 함이니 2 사람들이 너희를 출회할 뿐 아니라 때가 이르면 무릇 너희를 죽이는 자가 생각하기를 이것이 하나님을 섬기는 예라 하리라 3 저희가 이런 일을 할 것은 아버지와 나를 알지 못함이라(요 16:1-3)

예수님을 죽이는 것이 하나님을 섬기는 것이라 생각하고 복음 전하는 사도들과 성도들을 핍박하고 죽이는 것을 당연하다고 생각하는 것이 일어난다는 것입니다. 왜 그런 일이 일어나느냐? 하면, 3절 말씀에 나오듯이, "저희가 이런 일을 할 것은 아버지와 나를 알지 못함이라" 이것이 문제입니다. 하나님이 누구신지, 예수님이 누구신지, 성령님이 누구신지 모르기 때문에 이런 일이 일어나게 됩니다.

'구원론이 삶을 지배한다', '존재론이 삶을 지배한다'고 말하는 것은 공연한 소리가 아닙니다. 우리를 죄와 사망에서 구원하신 예수 그리스도가 누구인지를 모르면 우리 스스로가 죄를 짓고 있으면서도 하나님을 위하는 것이라고 우쭐거리며 살아가게 됩니다. 이것은 결코 남의 일이 아닙니다.

오늘 말씀에 나오는 이스라엘 백성들이 그 수백만의 사람들이 한 통속이 되었고 아론에게 몰려와서 무엇이라고 말했습니까?

> 백성이 모세가 산에서 내려옴이 더딤을 보고 모여 아론에게 이르러 가로되 일어나라 우리를 인도할 신을 우리를 위하여 만들라 이 모세 곧 우리를 애굽 땅에서 인도하여 낸 사람은 어찌 되었는지 알지 못함이라(출 32:1)

이 이스라엘 백성 중에 이런 극악한 죄를 판단할 사람들이 정말 아무도 없었습니까? 어쩌면 이렇게 한마음 한뜻이 되어서 아론에게 이 얼토당토 않는 요구를 하게 되었습니까? 구원이 자신들의 노력의 결과로 이루어진 것이 아니기 때문입니다. 자신들의 힘으로 애굽에서 나왔더라면 이런 사건이 일어나지 않습니다. 자신들의 힘으로 바로를 물리치고 소위 노예혁명을 일으켜서 애굽에서 해방되었더라면 이런 일이 생겨나지 않습니다.

그러나 이스라엘이 구원을 받은 것은 전적으로 여호와 하나님께서 하신 일이었습니다. 이스라엘은 아무것도 한 것이 없습니다. 이스라엘은 그 구원을 빈손으로 받았을 뿐입니다. 이스라엘은 자기들을 구원하신 하나님을 아직 잘 모르는 것이 문제였습니다. 성경이 출애굽기 32장 전체를 기록해서 이 사건을 다루는 것은 이스라엘의 그런 일련의 행동들이 얼마나 죄악 된 것들인가를 드러내서 그 당시 이스라엘에게나 또 지금 우리로 하여금 하나님을 참되게 예배하는 것을 가르쳐 주기 위함입니다.

우상을 만들고 이집션 쉐이크를 하면서 음란한 죄악을 행한 것은 단순하게 우발적으로 일어난 일이 아니라 자기들을 구원하신 하나님을 자기들보다 초월하여 구원 역사를 이루어 가시는 분이 아니라 자기들과 함께 무엇인가를 만들어 가는 하나님으로 만들어 버린 것입니다. 왜냐하면 이 이스라엘 백성들이 가지고 있는 신(神) 개념이 그 정도였기 때문입니다. 이런 일들이 과거에만 일어났습니까? 아닙니다.

근대의 이성주의자들은 인간의 이성 밖에 있는 모든 권위에 대해서 반역하며 간섭 없이 모든 문제를 점검할 수 있는 자율적 이성을 요구했습니다. 놀라운 것은 이런 이성주의자들이 결코 비종교적인 것이 아니었다는 것입니다.

문제는 무엇입니까? 존 로크는 무신론자에게는 관용을 베풀 수 없다고 생각했습니다. 칸트 같은 사람은 이성의 한계 내에서 종교를 원했다는 것입니다.9) 지금은 어떻습니까? 훨씬 더 심각해졌습니다. 종교는 그저 인간의 욕망이 투사된 것이라고 말합니다. 그리고 이제 신은 저 멀리 있는 것이 아니라 인간의 내면에 있다고 말하는 뉴에이지 시대, 초영성 시대가 되었습니다.

무슨 말을 하고 있습니까? 인간의 생각으로 만들어 내는 하나님은 성경의 하나님이 아닙니다. 그것은 인간을 위하는 신이고 인간의 조종을 받는 신이며 인간의 한계 내에서만 존재하는 신입니다. 우리는 하나님에 대해서 더 많이 배워가야 합니다. 내가 배워서 하나님을 만들어 내는 것이 아닙니다. 우리의 구원이 우리 안에서 만들어 낸 것이 아니라 우리 밖에 계신 하나님이시기 때문에 배워야 합니다.

세상의 종교들처럼 우리를 분발시켜서 무엇을 만들어 내는 것이라면 이런 설교를 할 필요도 없습니다. 왜냐하면 자기 내면의 빛을

---

9) 윌리암 호던, **현대신학 이해**, 신태웅 역 (서울: 풀빛목회, 1989), 42.

더 충만하게 만들어 가는 것에 대해서 아무도 이의를 제기하지 않기 때문입니다.

교회가 신비주의 영성을 도입하면 어느 정도로 사람들이 나누어지겠습니까? 50대 50으로 나누어지겠습까? 70대 30, 80대 20이겠습니까? 아닙니다. 실제로는 어느 정도로 나누어지느냐 하면 99대 1로 갈립니다. 거의 대부분의 사람이 말합니다. '와~ 목사님 놀라워요. 기도가 이런 것인 줄 이제야 알았습니다. 너무 너무 좋습니다. 왜 진즉에 알려주지 않으셨어요?' 이러면서 좋아합니다.

이런 일이 지금 한국의 교회들에서 일어나고 있습니다. 몰래몰래 기체조하고 몰래몰래 요가하러 다니고 명상하러 다니고, '나를 발견하기' 이런 프로그램에 다니는 사람들이 너무너무 많아지고 있습니다. 그런 것들이 관상기도라는 이름으로 교회 안에 들어오고 있습니다.

그런 것이 오늘 읽은 성경 말씀에 나오는 대로 이스라엘 백성들이 금송아지 만들어 놓고 이집션 쉐이크를 하면서 극악한 죄를 범한 것과 동일한 것입니다. 우리 밖에서 초월하여 역사하시는 하나님이 싫은 것입니다. 하나님은 우리를 초월하여 역사하시기도 하시지만 우리 삶에 직접 간섭하시고 역사하시는 하나님이십니다. 이 두 가지를 다 놓치면 안 됩니다. 초월하시는 하나님과 내재하시는 하나님 이 두 가지를 다 믿는 것이 기독교입니다.

하나님을 내 눈에 맞추지 마십시오.
내 눈을 하나님께 맞추어야 합니다.
우리가 믿는 하나님은 어떤 하나님이십니까? 온 우주를 창조하시고 우리를 창조하신 하나님이십니다. 하나님을 배반하고 죄악으로 타락한 인간들을 위해 예수 그리스도를 이 땅에 보내어 십자가에 피 흘려 죽으심으로 우리의 죄를 사하시고 구원하여 주신 하나님이십니다.

구원하여 주실 뿐만 아니라 세상 끝 날까지 우리와 함께 계시며 우리를 거룩하게 만들어 가시는 분이십니다. 한 번 언약하신 것들을 끝까지 이루시는 하나님께서 그 언약의 보증으로 성령님을 우리에게 주시고 우리로 이 믿음의 길에 끝까지 달려가도록 지키고 보호하시는 분이십니다.

내 상처, 내 눈물 거기에 눈을 맞추지 마십시오.
그러면 우상을 만들어 냅니다.
하나님께서는 그 상처로 끝나지 않게 하시고, 그 눈물로 끝나지 않게 하십니다. 사도 바울은, "너희를 위한 나의 여러 환난에 대하여 낙심치 말라 이는 너희의 영광이니라"(엡 3:13)고 말했습니다.
예수 그리스도 안에 있을 때 오늘의 고난이 우리의 영광이 되게 하시는 하나님이십니다. 왜 그렇게 하십니까? 믿음으로 믿음에 이르게 하기 때문입니다. 우리의 인생의 그 어떤 일이 일어나더라도 예수님 더 알게 되는 것이 우리의 복입니다. 아무리 돈 많이 벌어도 예수님과 멀어지면 저주입니다. 사나 죽으나 예수님께로 더 가까이 나아가면서 하나님을 참되게 예배하는 성도들이 다 되시기 바랍니다.

이 송아지가 나왔나이다 2

21 모세가 아론에게 이르되 이 백성이 네게 어떻게 하였기에 네가 그들로 중죄에 빠지게 하였느뇨 22 아론이 가로되 내 주여 노하지 마소서 이 백성의 악함을 당신이 아나이다 23 그들이 내게 말하기를 우리를 위하여 우리를 인도할 신을 만들라 이 모세 곧 우리를 애굽 땅에서 인도하여 낸 사람은 어찌 되었는지 알 수 없노라 하기에 24 내가 그들에게 이르기를 금이 있는 자는 빼어내라 한즉 그들이 그것을 내게로 가져왔기로 내가 불에 던 졌더니 이 송아지가 나왔나이다(출 32:21-24)

하나님께서 이스라엘을 출애굽 하여 구원하고 언약해 가시는 걸음은 참으로 놀라운 하나님의 은혜입니다. 그것을 이 이스라엘 백성들이 알아 가는 과정은 정말 어렵고 힘듭니다. 왜냐하면 저들의 신에 대한 생각이 구원에 대한 생각이 바뀌어야 하고, 그로 인해서 살아가는 삶의 목적과 내용이 바뀌어야 했기 때문입니다. 그것이 이전에 살아왔던 삶과는 너무나도 다른 것이기 때문에 충돌이 일어날 수밖에 없습니다.

오늘날 교회에는 이런 충돌이 없이 살아가는 사람들이 많다는 것이 문제입니다. 물론 사람이 하루아침에 바뀌는 사람이 있지만 대게는 그렇지 못한 이유도 있습니다. '사람이 달라진다', '사람이 바뀌어진다', '사람이 변한다'는 것은 말처럼 쉬운 것이 아닙니다. 살아온 자기 삶의 버릇이 있고, 생각의 버릇이 있기 때문에 아무리 하나님의 말씀대로 살아가야 한다고 말을 해도 쉽게 바뀌지 않습니다. 예수님을 믿으나 자기를 지배하는 의미와 통일성이 변하지 않기 때문입니다.

하나님께서 생각하시는 대로 생각하고, 하나님께서 원하시는 대로 우리도 그렇게 원하고 살아가는 것이 아니라 여전히 이 세상의 원리대로 살아가기 때문에 삶이 변하지 않습니다. 사람들이 정말 주님을 위해서 살아가는 듯 해 보이고 정말 대단해 보이는 열심을 가지고 헌신하며 사는 것 같아도, 살아가는 내용을 보면 그 열심과 헌신으로 결국 세상 것을 더 얻으려고 하는 것뿐이라는 것을 알게 됩니다.

하나님께서 우리에게 말씀하시는 그 근본적인 변화는 무엇입니까? 그것은 우리의 더러운 죄성입니다. 그 더러운 죄성으로 인해서 인간은 끊임없이 하나님을 자기 수준으로 끌어내려서 자기들 마음대로 하나님을 조정하려고 합니다. 그리고 그 더러운 죄성은 그런 죄악을 드러내면 남의 탓으로 돌립니다.

자기 자신도 그 죄에 함께 동참 해 놓고서, '왜 그랬느냐?'고 물으면, '내 잘못입니다.' '내 죄입니다.' 그렇게 하지 않고 여전히 남의 탓으로 돌리고 자기는 그 죄의 형벌에서 모면하려고 합니다. 이 더러운 죄성이 언제나 자기 의로 몰아가고 여기 이 세상에서 자기 열심에 대한 보상을 내어놓으라고 하나님께 요구하며 남들보다 더 잘 먹고 잘사는 것으로 하나님이 자기 의라는 것을 으스대고 살아갑니다.

그런 일들이 오늘 본문에서 나타나고 있습니다. 모세가 하나님께서 주신 돌판을 가지고 산 아래로 내려왔을 때, 이스라엘의 범죄를 보고 하나님께서 주신 돌판을 깨뜨렸습니다. 거룩한 그 율법대로 하자면 이 백성들은 다 죽어야 하기 때문입니다. 이스라엘 백성들은 자신들이 스스로 가지고 온 금으로 만든 금송아지 앞에서 술에 취해 비틀거리며 춤추면서 음란한 애굽의 우상숭배를 그대로 행하고 있었습니다. 모세는 그런 죄악들을 보고서 아론에게 물었습니다.

> 모세가 아론에게 이르되 이 백성이 네게 어떻게 하였기에 네가 그들로 중죄에 빠지게 하였느뇨(출 32:21)

아론이 무엇이라고 대답을 했습니까?
그 대답이 22-24절까지 나옵니다.

> 22 아론이 가로되 내 주여 노하지 마소서 이 백성의 악함을 당신이 아나이다 23 그들이 내게 말하기를 우리를 위하여 우리를 인도할 신을 만들라 이 모세 곧 우리를 애굽 땅에서 인도하여 낸 사람은 어찌 되었는지 알 수 없노라 하기에 24 내가 그들에게 이르기를 금이 있는 자는 빼어내라 한즉 그들이 그것을 내게로 가져왔기로 내가 불에 던졌더니 이 송아지가 나왔나이다(출 32:22-24)

이렇게 길게 말하는 아론의 말의 핵심은 무엇입니까? 이런 죄를 지은 것이 자기 탓이 아니라는 것입니다. 아론은 먼저 백성들에게 정죄의 화살을 겨누었습니다. 22절에서, "이 백성의 악함을 당신이 아나이다"라고 했습니다. 한글 성경에는 잘 드러나지 않지만, "당신이 아나이다"라는 말에는 '당신'이라는 말이 중복되어 있습니다. 우리나라 말로 '아나이다' 그렇게 말하면, '누가 안다는 거야?'하고 의문을 가질 수 있지만, 여기에 쓰인 히브리어로 '아나이다'라는 말

속에 이미 '당신이 아나이다'라는 의미가 포함되어 있습니다.

아론이 굳이 '당신이'라는 말을 중복해서 쓴 이유가 무엇입니까? 그것은 '이스라엘의 이런 죄악 된 모습들을 모세 너도 잘 알고 있지 않느냐?' 그런 뜻입니다. 좀 더 말하자면, '이 이스라엘이 이런 죄악 된 인간이라는 것을 이미 다 알고 있으면서 왜 그렇게 성질을 내느냐?' 그 말입니다. 새번역에서는 이렇게 말합니다.

> 아론이 대답하였다. "아우님은 우리의 지도자입니다. 나에게 그렇게 화를 내지 마십시오. 이 백성이 악하게 된 까닭을 아시지 않습니까?"(출 32:22)

또한, 70인 역에서는 '당신이 아나이다.' 뒤에, '이 백성이 충동적임을'이라고 첨가해 놓았습니다. 무슨 말이냐 하면, '당신은 이 백성이 충동적임을 알지 않습니까?' 이런 뜻입니다. 그리고 '이 백성의 악함'이라는 말을 사마리아 오경에서는 '그들이 제멋대로 인 것을'이라고 말합니다.

이것이 무슨 뜻입니까? '다 알고 있으면서 뭘 새삼스레 그렇게 열을 내', '원래 이 백성들은 충동적이야', '이 사람들은 제멋대로야' 아론은 지금 그렇게 말하고 있는 모습입니다.

이것은 무엇과 같습니까? 자기가 죄를 지어놓고, '내가 그런 인간인 줄 몰랐어. 그래 나 원래 그런 인간이거든. 어쩌라고.' 그러는 것입니다. 이런 언행은 사람 앞에서만 그러는 것이 아니고 하나님 앞에서도 그럽니다. '하나님, 인간은 다 원래 그래요. 인간이 죄성을 가진 채로 태어나기 때문에 원래 죄를 짓고 가는 거잖아요. 제가 죄지을 줄 모르셨어요. 저만 그래요. 다 죄짓고 살잖아요. 하나님도 아시잖아요. 아시면서 왜 그러세요.' 이런 식으로 말하는 것입니다.

이런 죄악 되고 악한 일들이 창세기에서도 나타납니다. 그것은 먼저 첫 사람 아담이 그랬습니다. 아담은 범죄 한 후에, 뭐라고 했습니까?

> 9 여호와 하나님이 아담을 부르시며 그에게 이르시되 네가 어디 있느냐 10 가로되 내가 동산에서 하나님의 소리를 듣고 내가 벗었으므로 두려워하여 숨었나이다 11 가라사대 누가 너의 벗었음을 네게 고하였느냐 내가 너더러 먹지말라 명한 그 나무 실과를 네가 먹었느냐 12 아담이 가로되 하나님이 주셔서 나와 함께하게 하신 여자 그가 그 나무 실과를 내게 주므로 내가 먹었나이다 13 여호와 하나님이 여자에게 이르시되 네가 어찌하여 이렇게 하였느냐 여자가 가로되 뱀이 나를 꾀므로 내가 먹었나이다(창 3:9-13)

아담은 하나님께서 주신 여자 때문이라고 변명하고, 하와는 뱀의 탓으로 돌렸습니다. 이렇게 인간은 죄를 지어놓고 자백하지 않고 남의 탓이라고 말했습니다. 그러나, 하나님께서는 아담과 하와의 죄를 벌하셨습니다. 왜냐하면 사탄이 미혹을 했을지라도 사탄의 말에 마음으로 인정하고 자기 의지로 선악과를 따먹었기 때문입니다. 사탄이 억지로 아담의 입에다 강제로 먹인 것이 아닙니다. 그랬었다면 하나님께서는 사탄만 벌하셨을 것입니다.

그러나 아담과 하와는 자기들이 사탄의 말대로 하면 하나님처럼 될 것이라 믿었습니다. 그냥 이거 먹고 배부르게 편안하게 살리라 그런 것이 아니라 자기들 스스로 하나님이 될 줄로 생각하고 선악과를 먹었던 것입니다. 그것은 결코 작은 일이 아닙니다. 이것이 무슨 말이냐 하면, 인간이 범하는 죄는 근본적으로 하나님 대신에 인간이 하나님이 되려고 하는 죄라는 뜻입니다. 가인과 하와만 그랬습니까? 그 자손들도 똑같이 그랬습니다.

아벨을 죽인 가인이 여호와 앞을 떠나 에덴 동쪽 놋 땅에 거주를 했습니다. 그리고 가인의 후손들이 늘어나기 시작합니다. 그런데 그 가인의 후손 중에 라멕이 있습니다. 라멕은 '능력 있는 자'라는 뜻입니다. 그 아버지가 '므드사엘'입니다. 므드사엘은 가인의 고손자(창 4:18)입니다. 그 이름은 '하나님의 사람'이라는 뜻입니다.

라멕의 아버지의 이름을 보면, '어떻게 그런 이름을 지었을까?' 하는 것을 생각하게 됩니다. 그것은 하나님께서 가인의 후손 중에도 은혜를 베푸신다는 것을 알게 됩니다. 그것은 죄인들이 자기 죄를 인정하지 않고 끝까지 죄를 짓다가 죗값으로 죽는 사람들이 있지만, 그러나 그 죄인 중에도 하나님의 은혜로 자기 죄를 깨닫고 하나님의 사람으로 살아가는 자들이 일어난다는 것입니다.

라멕, 능력 있는 자가 무엇이라고 말했습니까?

23 라멕이 아내들에게 이르되 아다와 씰라여 내 소리를 들으라 라멕의 아내들이여 내 말을 들으라 나의 창상을 인하여 내가 사람을 죽였고 나의 상함을 인하여 소년을 죽였도다 24 가인을 위하여는 벌이 칠 배일진대 라멕을 위하여는 벌이 칠십 칠 배이리로다 하였더라(창 4:23-24)

이렇게 말하는 것은 자기 능력을 믿기 때문입니다. 자기 능력을 믿고서 이런 말을 했습니다. 이 말이 무슨 뜻입니까?

'하나님, 한 번 벌해 보려면 벌해 보세요. 하나님께서 아무리 벌하시려고 해도 나는 끄떡도 하지 않습니다. 내가 얼마나 능력이 많은 줄 아십니까? 인간이 죄 짓는 거 처음 보셨어요. 가인도 그랬고 그 자손들 내내 그래 왔습니다. 벌주시려면 벌주세요. 나는 겁먹지 않습니다.'

이러고 있는 것입니다. 사람의 마음이 강퍅해지면 입에서 나오는 대로 말하다가 죽습니다. 사람들은 죄에 빠지는 것은 그 외적인 행동으로 드러나지만, 그보다 더 무서운 것은 그 마음이 악해지는 것입니다. 예수님의 말씀대로 그 마음에 쌓인 그대로 행동으로 나타납니다.[10] 아론은 지금 죄를 지어놓고도 그 죄를 회개하지 않고 오히려 모세를 보고, '죄짓는 거 처음 보냐?'는 식으로 강퍅하게 말하고 있습니다.

초대교회에서 영지주의 이단이 성도들을 미혹했습니다. 그들은 육체를 영혼의 감옥으로 보았습니다. 구원은 이 육체로부터 벗어나는 것이었습니다. 예수님께서 육신을 입고 오신 것을 부인하고 가현설, 육체를 입은 것처럼 보였을 뿐이지 실제로는 그렇지 않았다고 주장했습니다. 그렇게 육체를 무시하는 사람들의 문제점이 무엇이었느냐 하면, 죄를 지어놓고도 그건 나하고 상관이 없다고 말하는 것입니다. 더러운 육체가 지은 거니까, 그거 별거 아니라고 말합니다.

그래서 사도 요한은 이렇게 말했습니다.

8 만일 우리가 죄 없다 하면 스스로 속이고 또 진리가 우리 속에 있지 아니할 것이요 9 만일 우리가 우리 죄를 자백하면 저는 미쁘시고 의로우사 우리 죄를 사하시며 모든 불의에서 우리를 깨끗케 하실 것이요 10 만일 우리가 범죄하지 아니하였다 하면 하나님을 거짓말하는 자로 만드는 것이니 또한 그의 말씀이 우리 속에 있지 아니하니라(요일 1:8-10)

죄지어 놓고 죄 없다 하면 스스로 속이는 것이고 진리가 우리 속

---

[10] 19 마음에서 나오는 것은 악한 생각과 살인과 간음과 음란과 도적질과 거짓 증거와 훼방이니 20 이런 것들이 사람을 더럽게 하는 것이요 씻지 않은 손으로 먹는 것은 사람을 더럽게 하지 못하느니라(마 15:19-20)

에 없다는 것입니다. 그러나 죄를 자백하면 예수님께서는 우리 죄를 깨끗게 해 주십니다. 죄를 지어 놓고 죄 없다 하면 어떻게 되느냐? 하면, 하나님을 거짓말하는 분으로 만들어 버립니다. '이건 내가 안 했어요. 그냥 육체가 한 거에요. 육체는 아무 가치도 없어요. 그러니 죄지은 거 아닙니다. 하나님 괜히 저보고 뭐라 하지 마세요.' 그러면서 자기 욕심대로 살아갑니다.

요한계시록 22장에 가면 복을 이렇게 말합니다.

> 그 두루마기를 빠는 자들은 복이 있으니 이는 저희가 생명나무에 나아가며 문들을 통하여 성에 들어갈 권세를 얻으려 함이로다(계22:14)

그 두루마기를 빠는 자들이 복이 있답니다. 두루마기를 어떻게 씻습니까? 요한계시록 7장 14절에 나옵니다.

> 내가 가로되 내 주여 당신이 알리이다 하니 그가 나더러 이르되 이는 큰 환난에서 나오는 자들인데 어린 양의 피에 그 옷을 씻어 희게 하였느니라(계 7:14)

어떻게 희어집니까? 어린 양의 피로, 예수 그리스도의 피로 씻어 희게 됩니다. 죄로 인하여 더럽혀진 곳은 오직 예수 그리스도의 피로써만 씻을 수가 있습니다. 이것은 우리의 구원, 곧 우리 존재의 변화를 말합니다. 그래서 영생을 얻고 그래서 하나님의 나라에 들어가게 됩니다. 그런데 여기서 두루마기를 빠는 자들이라고 할 때, 헬라어로 현재시제입니다. 현재 시제는 계속적인 행위를 말합니다. 예수님을 믿은 사람들, 예수 그리스도의 십자가 피로 죄 사함을 받고 믿음을 지키기 위하여 죽도록 충성해 가는 자들은 이미 죄 사함을 받았지만 끝까지 이 죄와의 싸움을 싸워가는 자들이며, 자기가 지은 죄들을 회개하면서 끝까지 믿음으로 인내하는 삶을 살아간다는 것입니다.

그런 자들에게 무엇을 약속하고 있습니까? 그것은 이 세상의 보상이 아니라, 생명나무에 나아갑니다. 그것은 영생을 누린다는 뜻입니다. '성에 들어가는 권세를 얻는다' 했습니다. 그들은 하나님의 나라에 새 예루살렘 성에 들어가게 된다는 뜻입니다.

지금은 어떻습니까? 지금은 이 믿음 때문에 순교하고 핍박을 당하면서 환난을 받으면서 언제까지 이런 세상을 살아야 하나, 언제이 믿음의 시련이 끝이 나는지, 언제까지 이 어려운 인생을 살아야하는지 그 끝이 보이지 않습니다. 그러나 오직 예수 그리스도만 의지하고 성도들과 함께 그 고난에 동참하면서 믿음으로 살아가는 자들은 우리 주 예수 그리스도께서 오실 때, '잘하였다. 착하고 충성된 종아' 하시면서 하나님의 나라로 인도해 주실 것입니다.

우리는 죄를 지었을 때 어떻게 해야 합니까? 우리는 언제나 우리의 죄를 자백하고 하나님께서 죄를 사해 주시기를 예수님의 이름으로 기도해야 합니다. 왜냐하면 우리 하나님께서는 언제나 은혜롭고 긍휼이 많으신 분이시기 때문입니다. 여호와 하나님께서 무엇이라고 말씀하십니까?

여호와께서 말씀하시되 오라 우리가 서로 변론하자 너희 죄가 주홍 같을지라도 눈과 같이 희어질 것이요 진홍 같이 붉을지라도 양털 같이 되리라(사 1:18)

예수님께서 무엇이라고 말씀하십니까?

28 수고하고 무거운 짐진 자들아 다 내게로 오라 내가 너희를 쉬게 하리라 29 나는 마음이 온유하고 겸손하니 나의 멍에를 메고 내게 배우라 그러면 너희 마음이 쉼을 얻으리니

때가 늦기 전에 하나님께 회개하고 하나님의 은혜를 구하는 백성이 되어야 합니다. 하나님 앞에 엎드리는 것이 세상의 부귀영화를 다 가지는 것보다 좋은 것입니다. 가난한 심령이 복이 있습니다. 왜냐하면 하나님의 나라가 그 가난한 심령, 오직 죄와 사망에서 구원해 주실 분은 예수님밖에 없음을 알고 그 은혜를 구하는 자들에게 주어지기 때문입니다.

언제나 우리 주 예수 그리스도 앞에 죄를 회개하며 말씀대로 순종하면서 하나님을 기쁘시게 하는 믿음의 성도로 살아가다가 하나님의 나라에 들어가는 모든 성도가 되시기 바랍니다.

RPTMINISTRIES
http://www.esesang91.com

시내산 언약과 도약 8

이 송아지가 나왔나이다 3

21 모세가 아론에게 이르되 이 백성이 네게 어떻게 하였기에 네가 그들로 중죄에 빠지게 하였느뇨 22 아론이 가로되 내 주여 노하지 마소서 이 백성의 악함을 당신이 아나이다 23 그들이 내게 말하기를 우리를 위하여 우리를 인도할 신을 만들라 이 모세 곧 우리를 애굽 땅에서 인도하여 낸 사람은 어찌 되었는지 알 수 없노라 하기에 24 내가 그들에게 이르기를 금이 있는 자는 빼어내라 한즉 그들이 그것을 내게로 가져왔기로 내가 불에 던졌더니 이 송아지가 나왔나이다(출 32:21-24)

하나님께서 이스라엘을 출애굽 하여 구원하고 언약하시는 것은 하나님의 백성답게 만들어 가시기 위함입니다. 그것은 결코 쉬운 일이 아니라고 했습니다. 지난 시간에 그런 일이 일어나기 위해서는 '충돌'이 있어야 한다고 했습니다. 하나님의 율법과 세상의 법은 반드시 충돌하게 되어 있습니다. 그 충돌을 느낄 수 있는 사람은 오직 예수 그리스도의 십자가 피로써 구원을 받은 사람들만이 알 수 있습니다. 영적으로 거듭난 자들만이 그 충돌을 경험하게 됩니다. 그렇게 충돌을 경험하지 않는 사람들은 참다운 그리스도인이라고 할 수 없습니다. 물론 그 충돌을 처음부터 다 알아차리지 못할 수도 있습니다. 그러나 신앙이 자라가면서 그 충돌은 점점 더 커지게 되어 있습니다. 신앙생활을 해 가는데 그 충돌이 없다면 그것은 잘못된 길로 가고 있는 것입니다. 세상을 분별하지 못하고 있다는 증거가 됩니다.

우리는 지난 시간까지 하나님의 말씀을 통해서 죄지은 인간들이 자기 죄를 자복하지 않고 타자에게 핑계하고 변명하는 죄성을 살펴보았습니다. 오늘은 그런 죄성의 가장 극치가 무엇인지 살펴보려고 합니다.

첫째로, 그것은 바로 24절에 나옵니다.

> 내가 그들에게 이르기를 금이 있는 자는 빼어내라 한즉 그들이 그것을 내게로 가져왔기로 내가 불에 던졌더니 이 송아지가 나왔나이다(출 32:24)

이것은 아론의 대답 중에서 가장 결정적으로 잘못된 부분입니다. 왜 가장 결정적으로 잘못된 부분입니까? 그냥 불이 던졌더니 덜렁 나온 것이 금송아지가 아니기 때문입니다.
4절을 보십시오.

> 아론이 그들의 손에서 그 고리를 받아 부어서 각도로 새겨 송아지 형상을 만드니 그들이 말하되 이스라엘아 이는 너희를 애굽 땅에서 인도하여 낸 너희 신이로다 하는지라(출 32:4)

어떻게 금송아지를 만들었습니까? "부어서 각도로 새겨 송아지 형상을 만"들었습니다. 그걸 누가 했습니까? 아론이 했습니다. 아론이 그렇게 붓고 각도로 새기고 송아지 형상을 만들었습니다.

두 번째로 이 문제가 심각한 것은, 여호와의 절기라고 하면서 절기로 지켰기 때문입니다. 5절을 보십시오.

아론이 보고 그 앞에 단을 쌓고 이에 공포하여 가로되 내일은 여호와의 절일이니라 하니 (출 32:5)

금송아지를 놓고 그 앞에 단을 쌓았습니다. 그리고 공포했습니다. 무엇이라고 공포했습니까? "여호와의 절일이니라" 여기서 "여호와의 절일"이라는 표현은 어디에 사용하는 말인가 하면, '유월절 절기'와 관련해서 사용되는 것입니다.

너희는 이날을 기념하여 여호와의 절기를 삼아 영원한 규례로 대대에 지킬지니라(출 12:14)

또한, 23장 14-17절에 가면 이스라엘의 3대 절기와 관련되어 사용되었습니다.

14 너는 매년 삼차 내게 절기를 지킬지니라 15 너는 무교병의 절기를 지키라 내가 네게 명한대로 아빕월의 정한 때에 칠일동안 무교병을 먹을지니 이는 그달에 네가 애굽에서 나왔음이라 빈손으로 내게 보이지 말지니라 16 맥추절을 지키라 이는 네가 수고하여 밭에 뿌린 것의 첫 열매를 거둠이니라 수장절을 지키라 이는 네가 수고하여 이룬 것을 연종에 밭에서부터 거두어 저장함이니라 17 너의 모든 남자는 매년 세 번 씩 주 여호와께 보일지니라(출 23:14-17)

이렇게 "여호와의 절일이니라"라는 말은, 이스라엘의 3대 절기에 사용되는 말입니다. 이것이 얼마나 소름끼치는 말인 줄 아십니까? 유월절이 무슨 날인가요? 맥추절이 무슨 날이며, 수장절이 무슨 날입니까? 이런 절기들은 다 여호와께서 이스라엘 백성들을 구원하여 언약하신 것들을 말합니다. 유월절과 무교절은 이스라엘 백성들이 어린 양을 잡아 그 피를 좌우 문설주에 발라서 죽음의 사자가

지나가서 죽지 않고 살아서 구원을 받은 것을 기념하는 절기입니다. 그래서 그달을 아빕월이라 했습니다. '아빕'이라는 말은 '곡식의 이삭'이라는 뜻입니다. 이 말은 수확의 달이라는 뜻입니다.

이스라엘이 무슨 수확을 했습니까? 안 했습니다. 지금 애굽에서 죽느냐 사느냐 하는 순간인데 무슨 수확을 합니까? 이제 하나님의 구원을 받아, 하나님의 자녀로 수확이 되는 것입니다. 그래서 해의 시작이 바뀌었습니다. 이 유월절이 일 년의 시작이 되었습니다. 맥추절은 칠칠절, 오순절이라고 합니다. 유월절 후 첫 안식일 후 50일째 되는 날에 밀의 첫 열매를 봉헌하는 절기입니다. 유대인들은 시내산에서 여호와와 언약하고 율법을 받은 때로 말합니다.

또 이때가 오순절이라는 것은 오순절 성령강림절을 두고 하는 말입니다. 유월절 어린 양의 피로 구원받은 백성들에게 성령님께서 강림하심으로 새언약을 이루시고 하나님의 백성들이 추수되기 시작하는 것을 말합니다. 초막절은 가을 추수가 끝나고 알곡들을 창고에 저장해 놓고 그렇게 수확을 주신 하나님의 은혜에 감사하는 절기입니다. 유월절로부터 초막절에 이르는 모든 절기는 애굽에서의 구원에 기초하여 지키는 절기입니다.

그런데 아론은 그렇게 우상숭배를 하면서도, 여호와 하나님의 구원과 관련이 없는데도 여호와의 절기라고 공포를 했습니다. 시편 106편에 보면 이들이 어떻게 죄를 지었는지 말해 줍니다.

19 저희가 호렙에서 송아지를 만들고 부어 만든 우상을 숭배하여 20 자기 영광을 풀 먹는 소의 형상으로 바꾸었도다 21 애굽에서 큰일을 행하신 그 구원자 하나님을 저희가 잊었나니 22 그는 함 땅에서 기사와 홍해에서 놀랄 일을 행하신 자로다 23 그러므로 여호와께서 저희를 멸하리라 하셨으나 그 택하신 모세가 그 결렬된 중에서 그 앞에 서서 그 노를 돌이켜 멸하시지 않게 하였도다(시 106:19-23)

여호와의 영광을 소의 형상으로 바꾸었습니다. 왜 그렇게 바꾸었습니까? 21절을 보십시오. "애굽에서 큰일을 행하신 그 구원자 하나님을 저희가 잊었나니"라고 했습니다. 여호와의 구원을 잊어버렸습니다. 여호와의 구원을 잊어버렸을 때, 인간은 우상을 만들어 내었습니다. 신약에서 사도 바울이 이런 죄악에 대해서 무엇이라 말했습니까?

> 21 하나님을 알되 하나님으로 영화롭게도 아니하며 감사치도 아니하고 오히려 그 생각이 허망하여지며 미련한 마음이 어두워졌나니 22 스스로 지혜 있다 하나 우둔하게 되어 23 썩어지지 아니하는 하나님의 영광을 썩어질 사람과 금수와 버러지 형상의 우상으로 바꾸었느니라(롬 1:21-23)

하나님 없이 살아가는 세상 사람들은 "하나님의 영광을 썩어질 사람과 금수와 버러지 형상의 우상으로 바꾸었"습니다. 성경은 이런 모든 일에 무엇이 배경이 되어 있다고 말합니까? 그것은 탐심입니다.

> 그러므로 땅에 있는 지체를 죽이라 곧 음란과 부정과 사욕과 악한 정욕과 탐심이니 탐심은 우상 숭배니라(골 3:5)

탐심은 무엇입니까? 그것은 언제나 하나님 없는 자율성입니다. 왜 그렇습니까? 구원을 잊어버린다는 것은 인간의 정체성을 모르는 것입니다. 인간의 죄인 됨을 잊어버리고 인간의 가능성으로 갑니다. 인간의 자유의지와 가능성에 기초해서 무엇이든지 노력하면 된다고 생각합니다. 이것이 무엇을 말하느냐 하면, 인간은 외부의 간섭이 없이 자기 마음대로 살고 싶다는 것입니다. 그것을 무엇으로 정당화시키느냐 하면, 획일화, 동질화라는 이름으로 거부합니다. 도대체 획일화, 동질화라는 것이 무엇입니까? 하나님 한 분만 믿고 살아라. 이것을 획일화, 동질화라고 말하면서 그런 것이 잘못되었다고 말합니다.

그러면 어떻게 합니까? 사람들은 종교다원주의로 갑니다. 꼭 예수님만 믿어서 천국 가는 것이 아니라 내가 믿고 싶은 취향대로 해서 내 기호에 따라 종교를 선택하고 그 종교가 결국은 구원을 주는 것이고 그것이 세상 모든 종교가 같은 길을 가는 것이고 같은 구원을 주는 것이라고 생각합니다.

다시 생각해 보겠습니다. 우상을 만들고, 내일은 여호와의 절일이라고 공포했습니다. 그걸 누가 했습니까? 아론이 했습니다. 아론이라는 사람은 금송아지를 만들기 위해 백성 중에서 한 사람을 세운 것이 아닙니다. 여호와께서 모세를 부를 때부터 아론이 함께 있었습니다. 출애굽 하는 그 모든 과정에 아론이 있었습니다. 그리고 이 시내산으로 오기까지 여호와의 구원과 인도하심을 자기 눈으로 똑똑히 보고 확인했던 사람입니다. 그런데 그 사람이 지금 사람들의 요구에 못 이겨서 금송아지 우상을 만들었습니다.

무엇 때문에 그랬습니까? 시편 106편 20절에서 이렇게 말합니다. "애굽에서 큰일을 행하신 그 구원자 하나님을 저희가 잊었나니" 구원자 하나님을 잊어버렸기 때문이라고 말합니다. 여기 시내산에 오기까지 2달이 걸렸습니다. 모세가 시내산에 올라간 40일을 합치면 길어도 석 달 반이 안 되는 시간입니다. 그렇게 석 달 반이 안 되는 시간인데도 여호와의 구원을 잊어버렸습니다. 그리고 금송아지를 만들었습니다.

이 금송아지를 만들 때 놀라운 것은 32장 24절에서, "금이 있는 자는 빼어내라"는 말에서, "빼어내라"는 말은 '뜯어내다', '부숴뜨리다', '조각내다'라는 뜻입니다. 이 말은 단순히 금붙이를 가져온 것이 아니라 부숴뜨린 상태로 가져왔다는 것입니다. 우상숭배를 위해 자신들이 가지고 있던 귀금속을 파괴할 정도로 열의를 가지고 있었다는 뜻입니다. 얼마나 시간이 지났다고 이렇게 여호와의 구원을 잊어버리고 금송아지 우상을 만들었습니까? 이것이 문제입니다. 사람들은 구원자 여호와를 잘 모릅니다. 그 대신에 세상에 더 익숙합니다. 우리는 어떻습니까? 우리도 매 한 가지입니다.

그런 일이 왜 생기는지 현실적인 모습을 살펴보면 됩니다. 현실적인 모습이라는 것이 무엇입니까? 사람들이 원하는 종교를 만들어 내는 것입니다. 앞서 말했듯이, 자율성에 맞는 종교를 만들어 내는 것입니다. 겉으로는 다 하나님을 말하는 것 같습니다. 겉으로는 다 하나님을 위하는 것 같습니다. 그러나 그 하나님은 오늘에 실용적인 하나님이라야 합니다. 그리고 인간의 종교성을 충족시켜 주는 기독교로 만들어 냅니다. 성경을 해석하는 데 순전히 인본적으로 해석해 버립니다.

인간의 종교성을 충족시켜주고 인본적으로 해석한다는 것은 무엇을 말합니까? 그것은 인간을 만족시켜 주는 종교를 말합니다. 거기에는 '신학충돌'이 없습니다. 신앙의 충돌이 없습니다. 세계관의 충돌이 없습니다. 교회는 하나님의 영광을 드러내는 데 관심이 있지 않고 사람들의 필요성을 채워주기에 바쁩니다. CCM을 부르고, 간혹 유행가도 넣어주면서 사람들의 비위를 맞추어 줍니다.[11] 내적

---

11) 모든 CCM이 잘못되었다는 것은 아닙니다. 우리 시대에 과연 성경적인 CCM이 얼마나 있을까요? 안타깝게도, 현대 CCM은 갈수록 비성경적인 방향으로 가고 있습니다.

치유에서부터 신비주의 영성을 다 도입하고 있습니다. 그러면서도 하나님의 교회라고 하면 하나님의 임재를 경험하는 예배라고 말합니다. 그리고 사회를 변화시키기 위해서 뛰어들어야 한다고 말하고 있습니다. 이제는 막 들추어냅니다. 비리를 들추어내고 세상 사람들에게 조롱을 받게 합니다. 그리고 그것을 개혁이라고 말하고 있습니다.

이걸 놓치면 안 됩니다. 무엇을 놓이면 안 됩니까? 구원과 생명은 오직 예수 그리스도로부터만 주어지며, 그 구원과 생명으로부터 부여되는 의미와 통일성도 역시 오직 예수 그리스도로부터만 주어진다는 것입니다. 구원과 생명은 예수님으로부터만 온다고 믿으면서도 의미와 통일성은 다른 곳으로부터 찾으려고 하는 것이 문제입니다. 쉽게 말하면 예수님을 믿어 천국도 가고 돈 많이 벌고 잘 먹고 잘살아서 가치 있는 삶을 살겠다는 것입니다. 예수님을 믿어도 치유는 심리학으로 상담학으로 합니다. 예수님을 믿는다' 하면서도 교회 안에는 성경적이지 않은 수많은 프로그램이 넘쳐나고 있습니다. 예수님을 믿어도 생각하고 목적하는 것은 세상 사람들이나 다를 바가 없습니다.

교회가 변질된 것은 바로 이런 일들이 인정을 받고 그런 사람들이 교회를 주도하는 지도자가 되어 있다는 것입니다. 그러나 조금만 지나면 생명과 구원에 있어서도 예수 그리스도를 저버립니다. 그것은 지나온 역사가 그랬습니다.

그런 일에 가장 기본적이고 핵심적인 것은 무엇입니까?

시편 106편 20절에서 말하는 것처럼 "구원자 하나님"을 잊어버리게 되는 것입니다. '아니 구원자 하나님"을 잊어버리는 것이 무엇이 그리 큰 문제입니까?' 그렇게 말할 사람들이 있을 것입니다. 예수 믿고 천국 간다. 이런 단순한 방식으로 생각하지 마시기 바랍니다. 왜냐하면 금송아지를 만들어 놓고도 여전히, "이스라엘아 이는 너희를 애굽 땅에서 인도하여 낸 너희 신이로다"(출 32:4) 이렇게 말했습니다.

우리의 삶에 구원자로서의 하나님이 없어져 버리는 것입니다. 그래서 어떻게 되었을까요? 25절을 보십시오.

> 모세가 본즉 백성이 방자하니 이는 아론이 그들로 방자하게 하여 원수에게 조롱거리가 되게 하였음이라(출 32:25)

여기서 '방자하니'라는 말은 히브리어로 '파라'인데, '풀어놓다', '석방하다', '벌거벗기다'라는 뜻이 있습니다. 영어 성경(NIV)은 '통제를 벗어나 제멋대로'(get out of control), 또는 '해이해져서'(had broken loose)로 번역했습니다. 킹제임스 성경은 '벌거벗은'(naked)로 번역했고, Living Bible은 이에서 좀 더 의미를 부여한 '간음하니', '성적으로 범죄하니'(committing adultery)로 번역했습니다.[12]

이런 해석들은 무엇을 말해 줍니까?

그것은 이스라엘 백성들이 이방 종교의 제사 의식, 특히 애굽에서와 마찬가지로 이집션 쉐이크를 하면서 우상 앞에서 벌거벗고 광란의 축제를 지냈고, 성적 타락으로 연결되었다는 것을 말합니다.

---

12) 호크마 주석에서.

아론이 이 일에 핵심적인 일을 했습니다. 온 이스라엘 사람들이 다 미쳐버렸습니다. 그런데도 자기들을 애굽에서 인도하여 낸 신이라 말했습니다.

성경에서 말하는 여호와 하나님과 그들이 지금 미쳐 날뛰면서 말하는 신이란 무엇이 차이가 있습니까? 도대체 그것이 무슨 문제가 되길래 성경은 이렇게 상세하게 기록해 놓았습니까? 그것은 인간이 죄와 사망에서 구원하신 여호와 하나님을 잊어버리면 곧바로 인간의 타락한 본성을 따라 살아가게 된다는 것입니다. 놀라운 것은 그래놓고도 자기들은 하나님을 위한다고 말한다는 사실입니다.

그러나 그것은 하나의 과정일 뿐입니다.

무슨 말이냐 하면, 사람들이 인간의 죄악성을 인식하지 않으면 처음에는 하나님을 말하지만 조금 더 세월이 지나면 그것마저 지워버립니다. 그리고 인간이 하나님이 되어 버립니다. 철학적으로 말하자면 처음에는 이성적인 하나님을 말하고 이원론을 말하다가 세상에는 나밖에 없다는 실존주의로 가다가 결국은 뉴에이지 영성으로 갑니다.

이스라엘 사람들이 이집션 쉐이크로 타락한 것은 단순한 죄악이 아닙니다. 그것은 그렇게 함으로 해서 인간이 신성에 도달하는 것입니다. 춤을 춘다는 것은 다만 술을 먹고 흥에 겨워서 몸을 움직인 것이 아닙니다. 신을 달래고 신과 하나가 되는 자리에 가는 것입니다. 그것은 방법이 다를 뿐입니다. 중이 염불하는 것이나 이스라엘 백성들이 춤을 춘 것이나 방법만 다를 뿐이지 신과 하나가 되는 길로 가는 것은 똑같은 것입니다.

중요한 것은 그런 신은 이스라엘을 애굽에서 구원해 내신 하나님이 아니라는 것입니다. 애굽에서 구원하신 하나님은 이스라엘의 조상들과 언약하신 하나님이시고, 그들을 죄에서 구원하신 분이십니다. 그 하나님을 의지하고 살아가는 것은 인간의 죄와 무능함을 인정하고 오직 구원과 삶이 하나님께 달려 있다는 것을 믿고 살아가는 것입니다. 인생의 모든 것이 하나님께로부터 주어지는 것을 믿는 사람이 성도입니다. 이렇게 인간이 하나님으로부터 구원을 받고 하나님으로부터 모든 것을 공급받고 살아가는 삶이 되어야 합니다. 그것을 벗어나면 인간은 자기 죄에 빠져서 죽게 됩니다.

그러므로, 사나 죽으나 하나님만 의지하고 살아가시기 바랍니다. 하나님만이 우리를 구원하시고, 생명을 주십니다. 예수 그리스도의 피로 구원한 자기 백성들을 지금도 지키시고 역사하시는 하나님이십니다. 그런 은혜 속에 사는 우리들은 어떻게 살아야 합니까? 그것은 언약에 신실한 삶을 살아가야 합니다. 그것은 무엇을 말하는 것입니까? 신명기 8장 3절에 잘 나타나 있습니다.

> 너를 낮추시며 너로 주리게 하시며 또 너도 알지 못하며 네 열조도 알지 못하던 만나를 네게 먹이신 것은 사람이 떡으로만 사는 것이 아니요 여호와의 입에서 나오는 모든 말씀으로 사는 줄을 너로 알게 하려 하심이니라(신 8:3)

오직 여호와의 입에서 나오는 모든 말씀으로 살아가야 합니다. 현실이 전부라고 말하는 거짓말에 속아 넘어가지 마시기 바랍니다. 성도는 여기가 전부가 아니라 가야 할 저 하나님의 나라가 있습니다. 구원에서 저 완성에 이르기까지 하나님만으로 만족하며 하나님의 말씀에 신실하게 반응하면서 하나님의 영광을 드러내는 삶을 살아야 합니다. 그렇게 살아야 죄악 된 길로 가지 않고 하나님께서 주신 영생을 누리고 그 속에서 충만해져 가게 됩니다. 세상 끝날까지 이 언약의 말씀대로 살고 믿음을 지켜 가는 일에 죽도록 충성하면서 하나님을 영화롭게 하는 믿음의 성도들이 다 되시기 바랍니다.

여호와의 편에 있는 자 1

25 모세가 본즉 백성이 방자하니 이는 아론이 그들로 방자하게 하여 원수에게 조롱거리가 되게 하였음이라 26 이에 모세가 진문에 서서 가로되 누구든지 여호와의 편에 있는 자는 내게로 나아오라 하매 레위 자손이 다 모여 그에게로 오는 지라 27 모세가 그들에게 이르되 이스라엘의 하나님 여호와께서 이같이 말씀하시기를 너희는 각각 허리에 칼을 차고 진 이 문에서 저 문까지 왕래하며 각 사람이 그 형제를, 각 사람이 그 친구를, 각 사람이 그 이웃을 도륙하라 하셨느니라 28 레위 자손이 모세의 말대로 행하매 이 날에 백성 중에 삼천 명 가량이 죽인 바 된지라 29 모세가 이르되 각 사람이 그 아들과 그 형제를 쳤으니 오늘날 여호와께 헌신하게 되었느니라 그가 오늘날 너희에게 복을 내리시리라 (출 32:25-29)

하나님께서 이스라엘에게 주신 율법은 이 세상 어느 민족도 누릴 수 없는 영광이었습니다. 그러나, 그 율법을 받기에는 너무나 큰 죄악을 범하고 말았습니다. 그들은 애굽에서 구원하신 그 구원자 여호와 하나님을 잊어버렸습니다. 그렇게 변질되지 않고 믿음으로 언약 안에 살기 위해서는 신학충돌이 있어야 한다고 했습니다. 그리고 구원이 예수 그리스도로 말미암았듯이, 삶의 의미와 통일성도 오직 예수 그리스도를 통하여 누려야만 한다고 말했습니다.

저희 교회에 오는 기독교신문 중에 어느 신문을 보면 정말 어이가 없습니다. 목회자들이 심리학과 상담학에 대하여 이제는 자랑스럽게 생각하고 그런 글들을 기사로 많이 내고 있습니다. 그런 기독교신문의 광고에는 더 심리치유를 받으라고 떠들고 있습니다. 그런데 더 놀라운 것은 그런 심리치유나 상담학을 기독교상담학이라고 말하고 성경적 치유라고 말한다는 것입니다. 기독교와 상담학은 도저히 안 맞는 것입니다. 맞을 수가 없습니다. 성경과 심리학은 어울릴 수 없습니다. 그런데도 그런 사람들은 박사학위와 유명한 대학을 졸업한 이력과 경력을 실어서 자신이 정말로 성경적으로 치유하고 가르치는 것으로 믿게 만들고 있습니다. 이것이 현대교회의 변질입니다.

이것은 과도기에 불과합니다. 조금 있으면 이런 심리학, 상담학이 아니라 관상기도나 명상에 대하여 광고가 나오게 됩니다.[13] 그러나 그렇게 대놓고 관상기도나 명상을 광고하지 않습니다. 지금도 그렇게 하고 있지만 '기독교 피정'이라고 광고하고 있습니다. 그런데 그들이 하는 모습을 보면 로마 가톨릭과 똑같습니다. 그런데도 '기독교 피정'이라고 광고합니다. 그런 곳에 수많은 목회자가 참여하고 있습니다. 옷 입는 것만 봐도 '아, 이건 우리하고 색깔이 다르구나' 이렇게 나와야 하는데, 전혀 어색해하지 않고 더 푹 빠져서 참여하고 있습니다.

그 교회의 성도들은 어떻게 되겠습니까? 목사 한 사람이 그렇게 빠지면 그 교회 성도들은 신비주의 영성에 오염됩니다. 지난 시간에도 말했듯이, 이런 모든 일이 하나님을 위한다면서 일어나는 현

---

13) 지금도 실제로 그렇게 하고 있습니다.

상이라는 것을 우리는 유념해야만 합니다.

이제 우리는 이런 이스라엘의 범죄에 대한 그 심판과 회복에 대하여 살펴보게 됩니다. 25절 말씀부터 보겠습니다.

> 모세가 본즉 백성이 방자하니 이는 아론이 그들로 방자하게 하여 원수에게 조롱거리가 되게 하였음이라(출 32:25)

백성들이 방자했다는 것은 이집션 쉐이크를 하면서 성적으로 타락한 이방의 제사였습니다. 이런 것은 다만 겉으로 드러난 어떤 현상만 볼 것이 아닙니다. 인간들이 행하는 일들은 영적인 원인이 있습니다. 왜 인간들은 천문학적인 돈을 들여서 우주탐험을 하고 있습니까? 다음 세대에 우리가 살아가야 할 또 다른 행성을 찾기 위해서라고 대답할 것입니다. 그러나 그런 말은 과학이 추구하는 목적이 아닙니다. 과학은 무엇을 추구합니까? 그것은 진리를 발견하는 것입니다. 그런데 놀라운 것은 인간이 발견하는 진리라는 것은 그 당대에는 진리인데 세월이 지나면 그 진리는 진리가 되지 못합니다. 그 진리를 완전히 전복해 버리는 새로운 진리를 만들어 냅니다.

그러면 인간이 만들어 내거나 찾아낸 진리라는 것은 도대체 무엇입니까? 이 말을 한다고 해서 기독교인들이 이 세계에 심겨진 일반적인 원리를 무시한다는 것이 아닙니다. 인간은 자기 한계를 벗어나고 싶어 합니다. 그렇게 하기 위해서는 그 한계를 벗어나게 하는 어떤 원리가 있어야만 합니다. 그런데 인간이 아무리 그 원리들을 찾아내고 발견한다고 해도 끝이 없다는 것입니다. 더 복잡하고 정교한 현미경으로 관찰해보아도 더 깊은 세계가 있고 더 깊은 원리가 있습니다. 달마다 해마다 수백 편의 논문이 쏟아져 나옵니다. 이제는 어느 분야에 전문가가 되기 위해서는 자기 연구도 해야 하지만 그런 수백 편의 논문을 소화해내야 하는 벅찬 시대가 되었습니다.

그래서 지금 이 세상은 어떻게 변해가고 있습니까? 이제 과학자들은 신비주의 영성과 손을 잡기 시작했습니다. 왜 손을 잡았습니까? 무엇인가 맞는 것이 있다고 보기 때문입니다. 이제 세상은 영성으로 움직여지고 있습니다. 신비주의 영성이 뉴에이지 영성이 전에는 산 중에 있었지만 이제는 연구단지의 연구실에 들어와 있습니다.

그러면, 이 이스라엘의 이런 범죄에는 무슨 영적인 일이 있었습니까? 오늘의 절망과 불안에서 벗어나게 해 준다면 무엇이든지 하겠다는 것입니다. 사람들은 자신들이 하는 일이 옳은 일인지 그른 일인지 관심이 없습니다. 오로지 자신의 문제들이 해결되기만 하면 됩니다.

사람들이 왜 세상의 여러 종교에 의지합니까? 무슨 생각이 있어 가는 사람들은 별로 없습니다. 사람들이 어떤 마음으로 갑니까? 그들은 오로지 자신들의 삶에 당면한 문제들을 해결 받고자 갑니다. 그것이 세상의 어떤 종교이든지 철학이든지 유명한 사람이든지 상관하지 않습니다. 병이 낫고 자식이 잘 되고 돈 잘 벌고 잘 살면 그만입니다.

이스라엘도 그런 마음으로 가득 차 있었습니다. 자신들을 인도하던 모세는 지금 저 시내산에 가 있고 자신들은 지도자가 없는 이런 상황에서 불안에 떨고 있었습니다. 그 불안을 없애 주기만 한다면 무엇이든지 하리라 하고 행동으로 옮긴 것이 바로 금송아지 사건입니다.

우리는 우리가 하는 일을 어떤 기준으로 행하고 있습니까?
사람들을 보십시오. 문제없는 사람들이 있습니까? 아무도 없습니다. 그런데 사람들이 그 문제를 해결하기 위해서 어떻게 행동을 합니까? 그들에 비해서 우리는 어떻게 행동을 합니까?

이것을 매우 진지하게 생각해 보아야 합니다.
왜냐하면 우리나 세상 사람들이나 세상 살기가 어려운 것은 매한 가지이기 때문입니다. 살기는 힘들고 날이 갈수록 어렵고 세상 사람들처럼 살지 말아야 하고 믿음으로 살아야 하고 어쩌란 말입니까? 믿음으로 살아가는 것도 대충 살면 안 되고 죽도록 충성하라고 하시니 정말 힘들고 어려운 것입니다.
예수님을 믿는 사람들이 무엇이라고 말할까요?

'세상에 어디 나만 있는 것도 아니고 그 많은 사람이 저렇게 그냥저냥 살아도 하나님께서 다 지옥가게 하시겠어요? 왜 꼭 우리만 그래야 하나요?'

이 마음이 바로 이 시내산 아래에서 범죄한 이스라엘의 마음입니다. 다른 것이 아닙니다. 똑같은 마음입니다.
이스라엘은 어떻습니까?

'아 우리가 하나님을 버린데요. 아니에요. 우리가 하나님을 버리는 것도 아니고 하나님을 섬기고 여호와의 절기로 지킵니다. 모세는 안 보이고 답답하고 불안해서 여기 금송아지를 만든 거에요. 그게 뭐 그리 잘못되었나요.'

이러고 버티고 있는 모습입니다.

우리가 왜 그렇게 수많은 사람이 가는 쉬운 길로 안 가고, 끝까지 하나님만 바라보고 믿음에 충성하고 살아가야 합니까? 그것은 예수 그리스도의 십자가의 피 흘림으로 우리 죄 사함을 받고 하나님의 자녀로 거듭났기 때문입니다. 성령님께서 그 십자가 보혈을 우리에게 효력 있게 적용해 주셨기 때문입니다.

그것이 없으면 어떻게 됩니까? 무엇을 하려고 이렇게 살아갑니까? 다 그만두고 '나도 세상 이렇게 안 살란다. 앞뒤 가릴 것 없이 돈 많이 벌고 누릴 것 누리고 즐길 것 즐기다가 죽자' 그러면 되지 않겠습니까? 그런데 그렇게 안 됩니다. 왜 그렇습니까? 성령님께서 우리 안에서 역사하시기 때문입니다.

사도 바울은 무엇이라고 말합니까?

> 16 내가 이르노니 너희는 성령을 좇아 행하라 그리하면 육체의 욕심을 이루지 아니하리라 17 육체의 소욕은 성령을 거스리고 성령의 소욕은 육체를 거스리나니 이 둘이 서로 대적함으로 너희의 원하는 것을 하지 못하게 하려 함이니라(갈 5:16-17)

예. 맞습니다. 이렇게 싸움이 있습니다. 아직 완전히 거룩하지 못한 우리 안에는 육체의 소욕이 있고 성령의 소욕이 있습니다. 그런데 성령님께서는 계속해서 우리로 하여금 이 성령님의 소욕을 따라서 살아가라고 하십니다. 이런 영적 전쟁은 아무에게나 있는 것이 아닙니다. 오직 예수 십자가 피로 거듭난 사람들만이 이 영적 전쟁이 있습니다. 그렇다고 우리가 늘 이 전쟁에서 승리하는 것만이 아닙니다.

지난주 오후 시간에도 말했듯이, 우리는 연약함 가운데 있습니다. 그 연약함은 그냥 육체적 약함이 아니라 죄를 지을 수 있는 연약함이기 때문입니다. 우리는 이길 때도 있고 실패할 때도 있습니다. 그러나 그렇게 이기고 지면서 우리는 성령님께서 우리 안에 감동을 주시고 역사하시는 대로 더 하나님의 말씀대로 순종하며 살아가고 있다는 사실이 중요합니다.

우리의 실패는 완전히 끝장나는 실패가 아닙니다!
우리가 쓰러져 넘어져도 완전히 죽어 버리는 그런 쓰러짐이 아닙니다!

우리가 이긴다고 해도 우리가 의기양양하게 목에 힘을 주는 목이 곧은 백성이 되어도 안 되듯이, 쓰러지고 넘어져도 마치 그것이 끝인 것처럼, 마지막인 것처럼 생각하지 말아야 합니다. 왜냐하면 우리가 우리를 붙들어 가는 것이 아니라 하나님께서 우리를 붙들고 계시기 때문입니다.

예수님께서 무엇이라 말씀하셨습니까?

나를 보내신 이의 뜻을 행하려 함이니라 나를 보내신 이의 뜻은 내게 주신 자 중에 내가 하나도 잃어버리지 아니하고 마지막 날에 다시 살리는 이것이니라(요 6:39)

뭐라고 말씀하셨습니까? 네, 맞습니다. 성부 하나님께서 성자 하나님께 주신 자는 하나도 잃어버리지 아니하시고 마지막 날에 다시 살리신다고 말씀하셨습니다.

그래서 어쩌라는 말입니까? 네. 힘들어도 말씀대로 삽시다. 눈물 나고 고달파도 믿음으로 삽시다. 오늘 내 아픔이 다 사라지지 않는 다 해도, 내 눈물이 다 이해되어지지 않는다 해도 끝까지 이 믿음 으로 삽시다. 살아야 해요. 그리 살아야 합니다. 그리 살아야 예수 십자가의 은혜를 아는 사람들입니다. 그것이 잘사는 것입니다. 우 리가 잘사는 것은 사람들로부터 박수 받고 잘 먹고 잘사는 것이 아 니라, 믿음대로 살고 말씀대로 살아서 그 믿음의 응답을 받고 그 말씀의 경험을 누리는 것입니다.

그것이 우리 삶에 전부가 되어야 합니다. 우리 삶의 전부가 되어 야 자기 연민이나 자기 의로 가지 않습니다. 세월이 흘러 좋은 신 앙의 인격을 소유한 믿음의 사람이 됩니다.

'하나님 저보고 뭐라 하지 마세요. 저는 좀 편안하게 삽니다. 내가 애 터지게 믿음으로 살아간들 뭐가 달라집니까? 달라지는 거 는 하나밖에 없어요. 갈수록 더 힘들다는 거 밖에는 아무것도 없어 요. 그런데 왜 내가 하나님의 말씀대로 살아야 하고 믿음에 말씀에 목숨을 걸어야 합니까?'

그렇게 생각하십니까? 정말 그렇게 사시렵니까? 그것은 아직도 십자가를 잘 모르는 것입니다. 지난주에 무엇이라고 말했습니까?

애굽에서 큰일을 행하신 그 구원자 하나님을 저희가 잊었나니(시 106:21)

맞습니다. 이스라엘이 그 구원자 하나님을 잊어버리니 금송아지 를 만들었습니다. 우리는 어떻습니까? 예수 그리스도의 십자가. 그걸 잊어버리면요 우상을 만들어 냅니다. 그것이 무엇입니까? 인간의 자율성으로 가는 것입니다. 실존주의로 가는 것입니다. 거기는 절벽이 기다리고 있습니다. 성령님께서 감동을 주시는 방향으로만 가십시오. 어떻게 갑니까? '말씀으로 살리라.' '믿음으로 살리라.' 그러면 그 속에서 성령님의 열매가 쏟아지게 됩니다.

그 열매가 무엇입니까?

22 오직 성령의 열매는 사랑과 희락과 화평과 오래 참음과 자비와 양선과 충성과 23 온유와 절제니 이같은 것을 금지할 법이 없느니라(갈 5:22-23)

사람들이 오해하는 경우가 많습니다. '말씀대로 산다. 믿음으로 산다.' 그러면 교회에 오는 것이 전부인 줄로 압니다. 아닙니다. 아니에요. 집에서 그렇게 사십시오. 세상에서 그렇게 사십시오. 집에서는 자기 고집대로 살고 세상에서도 손가락질받고 살다가 주일날에는 아무렇지도 않은 것처럼, '나는 까마귀가 아니야. 나는 학이야' 그렇게 오면 안 됩니다. 어떻게 살아갑니까? 어떻게 믿음만으로 살아갈 수 있습니까? 어떻게 말씀만으로 살아갑니까? 예수 그리스도가 우리의 생명이시기 때문에 그렇게 살 수 있습니다. 십자가의 피가 우리를 여기 있게 했기 때문입니다. 여기가 어디입니까? 하나님의 교회입니다.

교회가 무엇입니까?

교회는 그의 몸이니 만물 안에서 만물을 충만케 하시는 자의 충만이니라(엡 1:23)

이것이 무슨 말이냐 하면, 예수님으로 충만케 된 교회입니다. 그 말이 더 어렵습니다. 우리가 신성이 충만해진다는 뜻이 아닙니다.

예수님께서 원하시는 대로 우리가 행동하게 됩니다. 예수님께서 기뻐하시는 그대로 우리가 즐거이 순종하게 됩니다.

강물을 잘 보십시오. 풀이 자라고 흙이 쌓이거나 돌멩이가 있으면 강물이 잘 흘러가지 않습니다. 그런 것들은 한 번 치웠다고 해서 끝나지 않습니다. 또 쌓이고 또 풀이 자라나기 시작합니다. 강물이 잘 흘러가게 하려면 그런 장애물들을 계속 치워야 합니다.

하나님의 자녀로 살아가는 길에도 그렇습니다. 장애물들이 자꾸 솟아나고 생겨납니다. 그것을 그냥 두면 어떻게 됩니까? 아무런 열매도 맺지 못하고 잡초만 우거지게 됩니다. 그건 구경거리밖에 안 됩니다. 제 역할을 못 합니다. 예수님의 생명이 그대로 우리에게, 예수님의 은혜가 그대로 우리에게, 예수님의 말씀이 그대로 우리에게 전달될 때 충만해집니다. 그렇게 전달되도록 이 영적인 싸움을 끝까지 해 가야 합니다. 그래야 하나님께서 기뻐하시는 열매를 거두게 됩니다.

그렇다면, 왜 우리는 그렇게 충만해져야 합니까? 그것은 하나님께서 우리 각자를 통하여 하나님의 영광을 드러내려고 원하시기 때문입니다. 어떻게 하나님의 영광을 드러냅니까?

'지금 이 자리에서 어떻게 해요? 하나님께서 뭘 해 주시던가 하셔야지, 이래 가지고 무슨 하나님의 영광을 나타내요. 욕이라도 안 들어먹으면 다행이지요.'

그렇게 말하지 마시기 바랍니다. 하나님께서 우리 각자에게 맡기신 일에 충성하면 됩니다. 지금이 마음에 안 들면 준비하시기 바랍니다. 게으른 자에 대해 잠언에서 계속 말하고 있습니다. 손 하나 까딱 안 합니다. 그러면서 배고프다 하고 길에 사자가 있다고 엉뚱한 소리나 해댑니다.

이것을 생각해 보십시오. 왜 하필 금송아지였습니까? 그들은 애굽에서 그 금송아지 우상에 익숙해 있기 때문입니다. 이것은 인간들이 언제든지 자신들의 문제를 해결하기 위하여 하나님과 하나님의 종을 기다리지 않고, 순간적이고 즉각적인 해결을 위해서 죄악된 습성으로 돌아간다는 것을 말해 줍니다.

사람들은 훈련받기를 싫어합니다. 삶이 변화되고 인격이 변화되는 것을 싫어합니다. 지금 있는 자리에서 훈련을 받아야 합니다. 지금 있는 자리에서 삶이 변화되고 인격이 변화되어야 합니다. 나를 지배하는 부정적인 의미와 통일성이 변해야 합니다.

'하나님께서 이거저거 채워주시면 저절로 다 변화될 겁니다.' 과연 그렇습니까? 안 변합니다. 지금 아무것도 안 변하는데, 그때 주머니 두둑해지면 사람이 이상해집니다. 무엇이 이상해집니까? '저건 인간이 아니다' 그렇게 됩니다. 보기가 싫어집니다. 가까이 가고 싶지 않습니다. 그것이 참 안타까운 것입니다.

우리는 어떻게 살아야 합니까? 하나님이 전부인 삶이 되어야 합니다. 십자가가 전부인 삶이 되어야 합니다. 하나님이 전부이고 십자가가 전부이면 어떻게 됩니까? 나는 은혜로 살게 됩니다.

그래서 어떻게 해야 합니까? 눈에 힘을 주지 마십시오. 목소리를 낮추십시오. 따뜻한 사람이 되십시오. '친구야 오늘 밥 한 그릇 먹자' 그리고 사십시오. 옆집에 사는 분들에게 웃고 사십시오. 좋은 거 나누고 사십시오. 냉장고 안에 묵혔다가 버리기는 그렇고 내가 먹기는 또 그렇고 그런 것을 내어놓으면서, '이거 먹어라' 그러지 마시고, 좋은 걸로 나누고 사십시오. 아픈 사람 위해 기도해 주고, 마음 아파해주고, 손잡아주고 그리고 사십시오.

그것이 어디서 나옵니까? 하나님이 전부가 되는 삶에서, 예수 십자가가 전부인 믿음에서 나옵니다. 힘들다고 엉뚱한 길로 가지 마시기 바랍니다. 힘들어도 바른길로 가야 합니다. 바른길이 무엇입니까? 그 구원자를 잊어버리지 않는 것입니다. 예수 그리스도를 믿는 그 믿음으로 저 천국의 소망을 가지고 하나님을 사랑하고 이웃을 사랑하고 사는 것입니다. 그럴 때 참되고 영원한 의미와 통일성이 충만하게 됩니다.

성경에서 무엇이라고 합니까?

교회는 그의 몸이니 만물 안에서 만물을 충만케 하시는 자의 충만이니라(엡 1:23)

세월이 갈수록 예수 그리스도로 충만케 되는 사람, 그리고 이미 그리스도로 충만케 되었습니다.[14] 그러나 그것을 우리가 모릅니다. 그러니까 우리는 알아 가는 충만입니다. 그것을 어떻게 압니까? 지금 내 삶에서 압니다. 이 어쩌지 못하는 이 상황에서 만들어 가는 가시는 것을 압니다. 이 자리에서 만들어 가는 것이 얼마나 감사합니까! 우리의 평생에 하나님께 더 엎드리고 예수 그리스도의 십자가 은혜를 더 알아 가면서 언약에 신실한 삶을 기쁘게 감당해 가는 우리 모두가 되기를 바랍니다.

---

14) 너희도 그 안에서 충만하여졌으니 그는 모든 정사와 권세의 머리시라(골 2:10)

여호와의 편에 있는 자 2

25 모세가 본즉 백성이 방자하니 이는 아론이 그들로 방자하게 하여 원수에게 조롱거리가 되게 하였음이라 26 이에 모세가 진문에 서서 가로되 누구든지 여호와의 편에 있는 자는 내게로 나아오라 하매 레위 자손이 다 모여 그에게로 오는 지라 27 모세가 그들에게 이르되 이스라엘의 하나님 여호와께서 이같이 말씀하시기를 너희는 각각 허리에 칼을 차고 진 이 문에서 저 문까지 왕래하며 각 사람이 그 형제를, 각 사람이 그 친구를, 각 사람이 그 이웃을 도륙하라 하셨느니라 28 레위 자손이 모세의 말대로 행하매 이 날에 백성 중에 삼천 명 가량이 죽은 바 된지라 29 모세가 이르되 각 사람이 그 아들과 그 형제를 쳤으니 오늘날 여호와께 헌신하게 되었느니라 그가 오늘날 너희에게 복을 내리시리라 (출 32:25-29)

하나님께서는 이스라엘을 구원하시고 언약하여 거룩한 하나님의 백성으로 세워 온 천하에 하나님의 영광을 드러내시려고 했습니다. 그러나, 이스라엘은 하나님의 뜻을 짓밟고 하나님의 마음을 심히 아프게 했습니다. 지금 당면한 현실이 어렵고 힘들어도 아무리 불안해도 하나님만 붙들고 가야 하는데, 예수 십자가만 붙들고 가야 하는데, 금송아지 우상을 만들어 놓고 여호와의 절기라고 했습니다.

이스라엘이 이렇게 된 원인이 어디에 있었습니까? 그것은 25절 말씀에 주어져 있습니다. 그것이 무엇입니까?

모세가 본즉 백성이 방자하니 이는 아론이 그들로 방자하게 하여 원수에게 조롱거리가 되게 하였음이라(출 32:25)

첫째는, '원수'라는 말입니다. 이 '원수'라는 말이 매우 중요합니다. 왜 이 '원수'라는 말이 중요합니까? 그것은 이스라엘 금송아지를 만든 것은 금송아지 우상을 섬기는 저 애굽이 그들의 원수라는 것을 제대로 알지 못하기 때문입니다. 원수라는 말은 한글 사전에 보면, '원한이 맺힐 정도로 자기에게 해를 끼친 사람이나 집단'이라는 뜻입니다. 원한이 무엇입니까? '억울하고 원통한 일을 당하여 응어리진 마음'을 말합니다.

세상을 살다 보면, 억울하고 원통한 일을 내가 당할 때도 있고, 나도 그렇게 남에게 줄 때도 있습니다. 내가 억울한 일을 당할 때는, '나는 절대로 남한테 이렇게 나쁜 짓은 안 할꺼야' 그렇게 다짐을 하지만, 그러나, 실제로, 자신의 실리에 관한 일이 생기면, 자신의 그 순수했던 마음은 잠시 접어두고 몹쓸 짓을 하게 되는 것이 인간입니다. 그것이 잘한다는 것이 아닙니다. '그것이 인간이더라', '그것이 못난 인간의 모습이더라' 그것을 생각해야 한다는 것입니다.

그러면, 성경이 말하는 원수는 무슨 의미입니까? 원수라는 말은 성경에서 제일 먼저 창세기 3장 15절에 나옵니다.

내가 너로 여자와 원수가 되게 하고 너의 후손도 여자의 후손과 원수가 되게 하리니 여자의 후손은 네 머리를 상하게 할 것이요 너는 그의 발꿈치를 상하게 할 것이니라 하시고 (창 3:15)

하나님께서 창조하신 인간들이 언약을 깨뜨리고 죄를 지었습니다. 범죄하여 타락한 인간들에게 그 심판과 회복을 말씀하셨습니다. 그리고, 뱀에게 그 심판과 저주를 선언하시면서, 통상적으로 '원시복음'이라 불리는 말씀을 해 주셨습니다. 이 말씀에서, "내가 너로 여자와 원수가 되게 하고 너의 후손도 여자의 후손과 원수가 되게 하리니"라고 말씀하셨습니다. 여기에 나오는 원수는 '적대감', '증오감'이란 뜻입니다. 이것은 예수 그리스도와 성도들에 대해 사단과 그의 하수인들이 갖게 될 악감(惡感)을 의미합니다.

사탄과 그 대행자들은 왜 이런 적대감을 가지게 됩니까? 그것은 여자의 후손이 뱀의 머리를 상하게 할 것이기 때문입니다. 머리라는 것은 신체상의 '머리'뿐 아니라, 그 지위나 장소에 있어 '최고 높은 것'을 뜻하는 말입니다. 뱀의 머리가 상하게 된다는 것은 사탄이 도저히 회복될 수 없는 치명적인 손상을 입게 된다는 뜻입니다.

그것이 나타난 사건이 무엇입니까?
예수님께서 십자가 피로써 승리하신 것입니다. 창세기 3장 15절에서, 여자의 후손이 발꿈치를 상하게 된다는 것은 그가 비록 해(害)를 당할 것이긴 하나 그것이 치명적이지는 않다는 뜻입니다. 예수 그리스도께서 고난을 당하셨으나, 그 결국의 승리는 예수님의 것이 되었습니다. 이렇게 그 승리가 예수 그리스도께로 돌아가고 그의 백성들이 구원을 받는 새언약이 이루어지기 때문에 사탄은 예수 그리스도와 성도들에게 적대감을 가지게 되는 것입니다.

이런 말씀들을 통하여, 이제 우리의 원수가 누구인지 분명하게 알게 되었습니다. 우리의 원수는 사탄입니다! 왜 사탄이 원수입니까? 사탄은 우리를 죽이려고 하고 멸망케 하려고 하기 때문입니다. 그렇게 하기 위해서 사탄은 인간을 계속해서 죄에 빠트립니다. 계속해서 하나님의 말씀을 거역하게 하고 불순종하게 합니다. 은혜로 받은 예수 그리스도의 구원을 저버리고 세상으로 나가게 합니다. 믿음으로 살아가려고 하는 것보다 세상의 편안함에 젖어서 대충 타협하고 살아가게 합니다.

세상이란 단지 눈에 보이는 것만 말하는 것이 아니라 하나님 없이 살아가는 삶을 말합니다. 하나님 없는 삶의 주인은 누구입니까? 그것은 사탄이 주인 노릇을 하고 있습니다. 그 사탄의 종노릇 하는 중에 우리를 구원하신 것은 참으로 하나님의 놀라운 은혜입니다. 그런 세상 속에서 믿음으로 살아가게 되면 우리는 어떤 일을 만나게 됩니까?

예수님께서는 이렇게 말씀하셨습니다.

18 세상이 너희를 미워하면 너희보다 먼저 나를 미워한 줄을 알라 19 너희가 세상에 속하였으면 세상이 자기의 것을 사랑할 터이나 너희는 세상에 속한 자가 아니요 도리어 세상에서 나의 택함을 입은 자인고로 세상이 너희를 미워하느니라(요 15:18-19)

세상이 우리를 미워한다고 했습니다. 그렇게 미워하는 근본적인 이유는 우리가 세상에 속하지 않기 때문입니다. 우리가 사탄의 종노릇 하면서 살아가면 세상은 우리를 미워하지 않습니다.

사탄의 종노릇 한다는 것은 무엇입니까? 그것은 하나님의 백성 됨을 버리고 오늘, 여기, 이 현실에 만족을 구하고 사는 것입니다. 여기가 전부인 인생입니다. 이 세상이 끝나고 다가올 하나님의 나라가 있으며, 거기에 심판이 있고 지옥이 있고 천국이 있다는 생각은 없습니다. 인간 스스로 이 땅에서 잘 먹고 잘사는 세상을 만들 수 있다고 생각합니다. 그것이 바로 인간의 자율성이라고 했습니다. 그렇게 가기 위해 니체는 적극적 니힐리즘, 적극적 허무주의를 말했습니다.

원래 이 허무주의라는 것은 기존의 가치와 체계와 거기에 근거한 권위를 다 부인하고 무시하고, '우주와 인생을 허무하다', '아무것도 아니다' 그렇게 보고 살아가는 것입니다. 그것은 동양에서 노장의 무위자연 사상이 있고 불교에서는 제행무상이라고 해서, 인생이 덧없다는 것입니다. 그것은 인간이 거하는 우주 만물은 항상 돌고 변하기 때문에 잠시도 한 모양으로 머물지 않는다는 것입니다. 결국 불교에서는 덧없는 것을 붙들려고 하는 것이 문제라고 보기 때문에, 그 집착에서 벗어나기 위해 자기 수행을 합니다. 그래서 사성제 팔정도를 합니다.

그러나 아무도 그런 수행을 해낼 수가 없습니다.

왜 안 될까요? 인간은 죄인이기 때문입니다. 아무리 수행을 해도 내 몸이 내 몸이고 내 생각이 내 생각인 것을 어쩌지를 못하는 것입니다. 저들은 다르게 말합니다. 내 몸이 내 생각이 아니고 내 생각이 내 생각이 아니어야 한다고 말하니, 그러면 죽으라는 것밖에 안 됩니다. 죽으려면 지금 죽어서 열반에 도달하면 될 것을 왜 안 죽고 맛있는 거 다 먹고 좋은 데는 다 놀러 가고 있습니까? 입만 살아 있지 속은 다 썩어 있다는 증거입니다.

서양사상에서는 쇼펜하우어의 염세주의 철학이나 키르케고르의 실존주의 사상에서 허무주의가 도사리고 있었습니다. 허무주의를 제대로 말한 사람이 니체입니다. 니체는 '수동적(受動的) 허무주의'와 '능동적(能動的) 허무주의'로 말했습니다. 수동적 허무주의는 현실을 회피하고 향락주의에 빠지거나 무관심한 이기주의로 흘러서 퇴폐적인 삶을 사는 것입니다. 능동적 허무주의는 그런 현실 도피적인 삶을 거부하고 허무의 현실에 맞서서 스스로 싸워가는 것을 말합니다.

그런 삶을 위해서 결단과 선택을 하라는 것이 실존주의입니다. 그러기 위해서 무엇을 합니까? 기존의 질서를 파괴하고, 절대적 권위를 파괴합니다. 결국 그 근본적인 파괴는 무엇입니까? 그것은 기독교를 파괴하는 것이고 하나님을 죽이는 것입니다.

우리는 지금 무엇을 보고 있습니까? 인간이 펼치는 사상과 삶이라는 것이 결국은 하나님을 대항하는 것입니다. 그것을 누가 했습니까? 에덴동산에서 사탄이 그 일을 했습니다. 사탄이 다만 아담과 하와만 죄짓게 하려는 것이었을까요? 아닙니다. 아담과 하와가 죄를 짓는 것으로 끝나지 않습니다. 그것은 오고 오는 모든 인류에게 미치는 죄악이었습니다. 하나님의 영광을 드러낼 영광스러운 존재인 인간을 더럽고 추한 모습으로 만들어버렸습니다.

우리는 지금 이스라엘의 어떤 모습을 보고 있습니까? 금송아지를 만들어 놓고 '이것이 너희를 애굽 땅에서 인도하여 낸 너희의 신이로다' 그러면서 죄악을 범하는 이스라엘의 모습을 보고 있습니다. 하나님의 하나님 되심을 온 열방에 드러내야 할 이스라엘이 금송아지를 만들고 미쳐버렸습니다.

이스라엘의 문제는 무엇입니까? 원수가 누구인지 모른다는 것입니다. 왜 모르나요? 왜 원수가 누구인지 모르나요? 그것은 여호와 하나님께서 은혜로 주신 이 구원이 이 언약이 얼마나 중요하고 얼마나 가치 있는 것이지 그걸 모르기 때문입니다. 이스라엘의 원수는 저 애굽입니다. 저 애굽으로부터 구원을 받았습니다. 이스라엘이 구원을 받은 것은 장소적으로만 옮겨진 그런 구원이 아닙니다. 저기 살다가 여기로 이사한 정도가 아닙니다. 저 원수의 손아귀에서 벗어난 것입니다. 원수의 종노릇을 하다가 하나님의 자녀가 된 것입니다. 저 애굽은 다시 돌아갈 곳이 아닙니다. 저기 저 애굽은 다시 손을 잡을 수 있는 대상이 아닙니다. 다시 저기로 돌아가면 죽습니다.

그것은 다만 장소적으로만 의미를 가지는 것이 아니라고 했습니다. 그러면 무엇입니까? 애굽의 사고방식, 애굽의 세계관, 애굽의 종교, 애굽의 문화를 버리는 것입니다. 왜 버려야 합니까? 안 버리면 죽기 때문입니다.

'아니, 무엇을 그렇게 심하게 말하십니까?' 그렇게 생각하지 마시기 바랍니다. 왜 모세가 돌판을 깨트렸습니까? 지금 이스라엘이 행하는 죄악 된 우상숭배 때문입니다. 저 애굽에 속한 것, 저 원수에게 속했던 것 그대로 가지고 여호와를 섬긴다고 했기 때문입니다. 그것은 심판을 받고 저주를 받아 죽는 것입니다. 여호와를 섬기는데, 예배를 드리는 데, 그것이 꼭 무엇을 하는 것이냐 하면, 애굽에서 우상을 섬기는 방식과 똑같은 것입니다. 하나님께서는 그런 예배를 받지 않습니다.

우리 식으로 말하자면, 예배를 드리는 데 불교식으로 하는 것입니다. 부처상 갖다 놓고 염불하면서도 하나님께 예배드린다고 말하는 것입니다. '어떻게 그럴 수가 있나요?' 아닙니다. 아닙니다! 우리가 옛사람의 습성을 버리지 아니하면 그런 죄를 범하게 됩니다. 옛날 것, 예수 믿기 이전의 것들은 다 버려야 합니다. 그걸 안 버리고 예배드리면 이 이스라엘이 범하는 죄와 똑같습니다.

우리는 두 가지를 분명해야 합니다. 하나는 부정적인 것이고 하나는 적극적인 것입니다. 부정적인 것이란 무엇입니까? '우리의 원수가 누구인가?'를 똑바로 알아야 합니다. '우리를 지배하는 부정적인 지배자, 부정적인 규범이 무엇인가?'를 알아야 합니다. 적극적인 것이란 무엇입니까? '우리를 구원하시고 언약하신 여호와 하나님이 누구신가?'를 분명하게 알아야 합니다. 예수 그리스도를 알고 십자가를 바르게 알아서 하나님을 올바르게 예배하는 삶을 살아야 합니다. 하나님의 말씀이 우리를 지배하는 규범이 되어야 합니다. 원수를 너무 추상적으로 생각하지 마시기 바랍니다. 그 말은 '사탄을 머릿속으로 생각만 하지 마라'는 것입니다. 우리의 원수는 저 사탄이고 저 졸개들입니다. 그 졸개들이 누구입니까?

아이들아 이것이 마지막 때라 적그리스도가 이르겠다 함을 너희가 들은 것과 같이 지금
도 많은 적그리스도가 일어났으니 이러므로 우리가 마지막 때인 줄 아노라(요일 2:18)

하나님의 교회에 저 세상의 것들을 가지고 들어와서 교회를 죽이는 자들이 그 졸개들입니다. 성경은 그런 자들을 '적그리스도다', '거짓 선지자'다 그렇게 말합니다. 도대체 왜 적그리스도와 거짓 선지자들이 우리의 원수입니까? 그들은 자기 스스로 구원에 이를 수 있다고 가르치고 미혹하는 자들이기 때문입니다.

왜 그것이 문제가 됩니까? 왜 우리 스스로 구원에 이르면 안 되고 왜 그들처럼 따라 하면 안 됩니까? 왜 안 됩니까? 그것은 우리가 죄인이기 때문입니다! 우리가 죄인이라는 것은 하나님의 은혜를 무참하게 저버린 자라는 것이요 하나님의 은혜가 없이는 한시도 살아갈 수 없는 자이며 하나님의 은혜가 없이는 구원에 이를 수 없다는 것을 말하기 때문입니다!

사탄이 왜 원수입니까? 사탄은 우리를 하나님의 언약에서 분리되게 하고 죽음으로 몰아가는 자이기 때문입니다. 예수 그리스도의 십자가 피로 구원한 우리를 시험에 빠지게 하고 죄를 짓게 해서, 하나님 안에서 풍성하고 충만한 의미와 통일성을 누리지 못하게 하기 때문입니다. 예수 그리스도 안에 있는 생명력을 누리지 못하게 하기 때문입니다.

죄짓고 회개하고 또 죄짓고 회개하고 그것만 하다가 천국 가는 것이 성도가 되어서는 안 됩니다. '하나님 안에 사는 것이 이렇게

좋구나! 예수 그리스도를 믿고 사는 것이 세상 부러울 것이 없는 최고구나!' 그렇게 누리고 살아야 합니다. 그러려면, 우리를 구원하신 하나님이 누구신지, 우리 주 예수 그리스도가 누구신지, 성령 하나님이 누구신지 더 많이 알아 가야 하고 그 말씀에 그 언약에 신실한 삶을 살아가야만 합니다.

죄짓고 살고 자기 멋대로 산다고 해서 누가 무엇이라 말합니까? 세상이 썩어서 이제는 자기 멋대로 살아도 그게 자유라고 하는 시대가 되었습니다. 이제는 자기 멋대로 안 살면 그게 이상한 세상이 되었습니다. 그것이 사탄의 속임수입니다. 자기 멋대로 살다가 자기 멋대로 지옥 가는 것이 사탄의 계략입니다.

우리는 어떻습니까? 하나님 뜻대로 살다가 하나님의 은혜로 천국 가는 자들입니다. 그런데 왜 내 맘대로 살아갑니까? 그것은 안 되는 일입니다. 하나님의 백성은 그렇게 살면 안 됩니다. 예수님 십자가 그 피가 그 죽으심이 그 부활하심이 그것이 우리 안에 있기 때문입니다. 그것을 버리면 안 됩니다. 저 원수가 아무리 대충 살아라고 해도, 이 세상이 전부라고 해도, '너만 예수 믿냐?' 그렇게 속을 다 비틀어 놓아도, 그래도 예수 십자가 붙들고 이 새언약의 말씀대로 죽도록 충성하며 살아가야 합니다. 성령님께서 계속해서 우리 안에 감동을 주셔서, 아무리 고난이 많고 눈물이 상처가 우리를 절망으로 몰아가려고 해도, 이 외롭고 고달픈 길을 외면하지 않고 가야 합니다. 가야 합니다. 그렇게 가는 것이 성도입니다.

로마서 8장에서, 구원의 확신을 말하며 사도는 이렇게 말했습니다.

생각건대 현재의 고난은 장차 우리에게 나타날 영광과 족히 비교할 수 없도다(롬 8:18)

믿으시기 바랍니다. 예. 믿어야 합니다. 성도는 믿어지는 자입니다. 오늘의 고난을 감당하는 자들이 성도입니다. 아무리 원수들이 우리를 힘들게 할지라도, 우리를 사랑하는 예수 그리스도로 말미암아 이겨가는 자입니다.

성경 같이 찾아서 읽어보겠습니다.

로마서 8장 31-39절입니다.

37 그러나 이 모든 일에 우리를 사랑하시는 이로 말미암아 우리가 넉넉히 이기느니라 38 내가 확신하노니 사망이나 생명이나 천사들이나 권세자들이나 현재 일이나 장래 일이나 능력이나 39 높음이나 깊음이나 다른 아무 피조물이라도 우리를 우리 주 그리스도 예수 안에 있는 하나님의 사랑에서 끊을 수 없으리라(롬 8:37-39)

아무리 원수가 우리를 괴롭게 할지라도, 우리를 사랑하시는 예수 그리스도로 말미암아 넉넉히 이겨가면서 예수 그리스도 안에 있는 하나님의 사랑 안에서 믿음으로 인내하며 저 천국을 소망하며 살아가는 성도들이 다 되시기 바랍니다.

여호와의 편에 있는 자 3

25 모세가 본즉 백성이 방자하니 이는 아론이 그들로 방자하게 하여 원수에게 조롱거리가 되게 하였음이라 26 이에 모세가 진문에 서서 가로되 누구든지 여호와의 편에 있는 자는 내게로 나아오라 하매 레위 자손이 다 모여 그에게로 오는 지라 27 모세가 그들에게 이르되 이스라엘의 하나님 여호와께서 이같이 말씀하시기를 너희는 각각 허리에 칼을 차고 진 이 문에서 저 문까지 왕래하며 각 사람이 그 형제를, 각 사람이 그 친구를, 각 사람이 그 이웃을 도륙하라 하셨느니라 28 레위 자손이 모세의 말대로 행하매 이날에 백성 중에 삼천 명 가량이 죽인 바 된지라 29 모세가 이르되 각 사람이 그 아들과 그 형제를 쳤으니 오늘날 여호와께 헌신하게 되었느니라 그가 오늘날 너희에게 복을 내리시리라(출 32:25-29)

하나님께서는 택하여 구원하신 이스라엘 백성들이 범죄한 일들은 오늘 우리에게 신앙의 실제가 무엇인지 알게 해 주는 사건입니다. 지금 출애굽기를 계속 설교하고 있습니다. '출애굽기 설교를 어서 빨리 끝내지 않고 왜 이렇게 오래 가는가?' 하시겠지만, 그것은 출애굽기를 몰라서 하는 말입니다.

'출애굽기를 모른다' 하는 말이 무슨 뜻이겠습니까? 우리는 출애굽기를 생각하면 아직도 자기에게 익숙한 출애굽기를 생각한다는 뜻입니다. 일반적으로 통용되는 출애굽기를 생각합니다. 그래서 남들이 아는 만큼 나도 출애굽기를 안다고 생각합니다. 도대체 무엇을 안다는 것입니까? 사람들은 출애굽기를 생각하면, 모세, 바로,

열 재앙, 홍해, 광야, 시내산, 가나안 그렇게 핵심적인 단어로 생각합니다.

그러나, 거기에는 정말 중요한 것이 빠져 있습니다. 무엇이 빠져 있습니까? 출애굽기는 다만 애굽에서 나온 것이 출애굽기의 목적이 아니라 이 시내산에서 언약을 맺었다는 것입니다. 이 언약이 소홀이 되기 때문에 우리는 기독교 신앙의 핵심이 예수 그리스도와 새언약을 맺었다는 것을 간과해 버립니다. 설교 제목을 '여호와의 편에 있는 자'라고 정해 놓고 설교를 해 가는 이유도 그런 것을 알아가기 위한 것입니다. 물론 우리가 아는 것도 있습니다. 전혀 모르지는 않습니다.

그러나 말씀은 더 알아가야 하고 더 배워가야 합니다. 내가 아는 것을 확인해 가야 합니다. 그렇지 않으면 우리의 영적인 칼날은 무디어지고, 설교를 들어도 아무런 감동도 없어지고 삶에도 예수님을 믿는 성도로서 살아가는 일에 아무런 재미도 없습니다. 예수님을 믿고 사는데, 무슨 재미가 있느냐고 하시겠지만, 예수 믿는 맛이 살아나야 합니다. 그러니, 성경 어디를 설교하더라도 하나님께서 성경을 통해 말씀하시는 것이 무엇인지 더 알아가려는 자세가 있어야만 합니다.

출애굽기 설교를 빨리 마치고 다른 본문을 택하더라도 달라질 거는 없습니다. 우리가 알아야 하는 것은 이것입니다. '이스라엘의 범죄는 어디에서 나왔느냐?' 하는 것입니다. 지난주에는 원수가 누구인지 제대로 알지 못했다고 했습니다. 저 애굽에 대해서 영적으로 생각하고 저 애굽이 바로 원수 사탄의 지배하게 있는 것이고 거기에는 사망과 저주뿐입니다. 거기로부터 구원을 받아 여기 이 시내산에까지 와서 언약을 맺는데, 그것을 영적인 차원으로 생각하지 못했습니다.

이스라엘의 범죄를 바로 그런 데서 나왔습니다. 애굽에서 나왔다는 거, 거거에만 관심을 가지면 우리도 이스라엘 사람들처럼 죄를 짓게 됩니다. 이것이 중요합니다. 요즘 식으로 하자면, 예수님을 믿었다는 것, 그 이후로는 무슨 생각이 없다는 것입니다. 살아가는 데 무슨 어려움이 없으면 그만이고, 걱정 근심 없고 아픈 데 없고 한숨 쉴 일 없으면 그걸로 만족하고 살아갑니다.

우리는 이스라엘을 생각하기를, '저 사람들은 미련해서 저런 짓을 한다.' 그렇게 생각합니다. 네, 맞습니다, 미련해서 그렇게 죄를 지었습니다. 그러나 그것뿐입니까? 아닙니다. 그러면 무엇입니까? 우리도 미련하다는 것입니다. 우리도 미련합니다. 이스라엘만 미련한 것이 아니라 우리도 미련합니다.

그러면 우리가 그런 미련에 계속 머물러 있지 않고 성도답게 살아가기 위해 어떻게 해야 합니까? 그것은 우리가 어떻게 한다는 우리 입장에서의 어떤 노력이나 시도를 말하는 것이 아닙니다. '구원 이후로 중요한 것이 무엇이냐?' 하는 것입니다. 그것은 여기 이스라엘 백성들이 중요하게 생각해야 할 것들이 바로 언약이라는 것입니다. 우리는 언약에 대해서 더 살펴보게 되겠지만, 언약을 더 중요하게 생각한다는 것은 하나님의 백성으로 거룩해져야 하기 때문입니다. 이스라엘이 그 점을 놓쳤기 때문에 하나님의 백성으로서 감당해야 할 싸움을 가야 할 길을 안 가고 이렇게 금송아지를 만들어 놓고 죄를 짓게 되었다는 것을 마음에 깊이 새겨야만 합니다.

거룩은 언제나 구별됨인데, 그 구별이라는 것은 신약으로 말하자면, 예수 그리스도를 믿는 믿음에 죽도록 충성하는 것이 거룩입니다. 이것을 헷갈리면 안 됩니다. 거룩이 종교적인 행사로만 있는 것이 아니라는 것입니다. 우리는 신앙생활을 해 나가면서 종교적인 사람으로 변하기 쉽습니다.

도대체 그 말이 무엇을 의미합니까? 내가 하나님을 위해 살아가면 하나님께서도 내 삶의 문제들을 척척 알아서 해결해 주시고, 내가 열심을 다해 주를 위해 살아가는 것만큼, 아니 그보다도 더 하나님께서 내 삶에 역사해 주시리라 그렇게 생각하는 것입니다. 그러나 믿음으로 살아도, '그렇게 되지 않더라' 하는 것을 알게 됩니다. 물론 하나님께서 역사해 주시지 않더라는 것이 아닙니다. 많은 사람이 자신의 선을 그어놓고 그 선에 하나님을 맞추라고 떼를 쓰고 삽니다.

거룩이 종교적인 행사보다 더 중요한 것으로 나타나야 하는 것은 신앙의 싸움, 믿음의 싸움을 감당해 가는 거룩입니다. 왜냐하면, 세상은 이 믿음의 싸움을 하는 일에 손을 떼게 하고, 김빠지게 하고, 그래서 그냥 대충 타협해서 살아가게 만들기 때문입니다. 누가 그렇게 합니까? 사탄과 그 부리는 대행자들이 그렇게 합니다. 이스라엘이 여호와 하나님과 언약을 맺고 그 받은 바 율법에 신실하게 살아가는 것이 오늘 우리로 말하자면 믿음의 싸움을 감당해 가는 일에 죽느냐 사느냐의 문제로 인생을 살아가는 것이 되어야만 합니다. 안 그러면 어떻게 됩니까? '이런 것이 신앙이라면 안 믿겠다'고 말하게 됩니다.

그래서 어떻게 합니까? 내가 이 믿음의 싸움을 감당해 가는 일에 실제적인 효과가 눈앞에 나타나야 한다고 생각하고 그것을 행동으로 옮깁니다. 그것이 이 이스라엘 백성들이 만든 금송아지입니다. 우리는 어떻습니까? 뭔가 느낌을 주는 프로그램이나 소위 성령 집회나 관상기도 쪽으로 마음을 돌리게 됩니다.

성경이 말하는 신앙이라는 것은 이 세상이 아무리 어렵고 힘들어도 이 믿음을 지켜 가고 이 믿음 때문에 어떤 어려움이 와도 싸워가라는 것인데, 그것이 싫어집니다. 그런데 우리는 신앙생활을 하면 무엇인가 달라지는 것이 신앙생활이라고 생각합니다. 이 생각이 안 바뀌면 평생 예수님을 믿어도 엉뚱한 방향으로 가게 됩니다. 우리가 지금 이 시내산 아래에서 일어난 이스라엘의 범죄를 계속 살펴보는 것도 바로 이런 이유 때문입니다.

만일 종교적 열심으로 거룩이 만들어져 가는 것이라면, 굳이 여호와 하나님께서 이스라엘을 이 시내산으로 인도하시어 언약을 맺으실 이유가 없습니다. 율법을 주실 이유가 없습니다. 이 율법은 무슨 부적이 아니라 지켜 행하라고 주신 것입니다. 지켜 행하지 아니하면 그냥 그것으로 끝나는 것이 아닙니다. 안 지키면 죽음으로 그 값을 치루어야 하는 것이 율법입니다. 우리는 언약을 너무 우습게 생각합니다. 그것을 신약으로 표현하자면 이렇습니다.

자기 아들을 아끼지 아니하시고 우리 모든 사람을 위하여 내어 주신 이가 어찌 그 아들과 함께 모든 것을 우리에게 은사로 주지 아니하시겠느뇨(롬 8:32)

로마서 8장이 무엇을 말한다고 했습니까?

구원의 확신입니다. 여러 말로 설명하고 설득해서 구원의 확신을 가지라고 말하는 것이 아닙니다. 인간이 이해를 하면 구원이 보장이 되는 것이고, 인간이 이해를 못 하면 구원이 그냥 흐지부지 되어서 끝나는 것이 아닙니다. 성경이 말하는 구원이란 우리가 기여한 것이 하나도 없는 구원입니다. 삼위 하나님의 역사이지 우리의 공로가 아닙니다.

'그 구원이 어떻게 우리에게 이루어졌느냐?' 하는 것은 말로 다 설명이 안 되는 것입니다. 그러나 놀라운 것은 우리가 예수 그리스도를 구주로 고백하고 믿고 있다는 사실입니다. 어떻게 그렇게 되었습니까? 성령 하나님께서 예수 그리스도의 구속을 우리에게 적용하셨기 때문입니다.

그 증거는 무엇입니까? 예수님을 믿고 구주로 고백한 것입니다. 그냥 입술로만 그렇게 한 것이 아니라 참으로 예수님을 믿고 고백했습니다. 그 구원을 위해 "자기 아들을 아끼지 아니하시고" 주셨습니다.

그런데, 문제가 무엇입니까? 영적으로 생각하지 않는 것입니다. 우리의 싸워야 할 원수가 누구인지 모르는 것입니다. 구원받았으니까 천국 갈 거니까, 마음 놓고 사는 것입니다. '이거 해라 저러 해라' 그런 소리를 하지 마라고 합니다. 성경이 다만 읽어서 내 마음이 편하면 좋은 것이고, 예배를 드리고 헌금을 한 것으로 내 할 일은 다 했고, 봉사할 것 하고 남부럽지 않게 살아가면 되지 뭘 또 나에게 간섭하십니까? 더 이상 잔소리는 하지 마세요. 그리고 살아갑니다. 그렇게 살고 있으면서도 신앙생활을 잘한다고 생각합니다.

지금 무엇을 말하고 있습니까?

"자기 아들을 아끼지 아니하시고" 주셨기 때문에, 신앙생활이라는 것은 생명을 다해서 감당해야 하는 싸움이라는 것입니다. 율법을 안 지키면 왜 죽어야 합니까? 그것은 여호와 하나님의 이름을 걸고, 그 권위와 가치를 걸고 맺은 언약이기 때문입니다. 그때그때의 상황에 따라 지켜도 되고 안 지켜도 되는 그런 것이 아니라 반드시 지켜야 하는 율법이었습니다. 괜히 으름장을 놓는 것이 아닙니다. 구원과 언약의 가치는 "자기 아들을 아끼지 아니하시고" 주셨기 때문이라는 것을 분명하게 알아야 한다는 뜻입니다.

다시 생각해 보십시오.

우리는 무엇을 생각해야 합니까? 언약이 필요 없고 율법이 필요 없는 신앙은 기독교 신앙이 아닙니다. 그것은 늘 강조하듯이, 인간의 자율성으로 가는 것입니다. 혼합주의가 되는 것입니다. 금송아지 우상은 그냥 만들어지는 것이 아니고, 언약과 율법이 필요 없는 신앙으로 가려고 하기 때문에 금송아지 우상이 등장하게 됩니다.

언약이 있고 율법이 있다는 것은 무엇을 말하느냐 하면, 하나님의 통치와 간섭 속에서 살아간다는 뜻입니다. 하나님의 통치와 간섭이 초월로 나타나지 않고 무엇으로 나타났습니까? 이 율법으로 나타났습니다. 이것이 중요합니다.

우리는 신앙이 어떻게 되기를 바랍니까? 하나님의 통치와 간섭이 초월로 나타나기를 바랍니다. 하나님께서 초월로 역사하지 않는 것이 아닙니다. 그러나 그것이 우리가 소원하는 방식으로 나타나지 않기 때문에 우리가 모를 뿐입니다. 우리를 반드시 우리가 원하는 모습으로 나타나야 그것이 하나님의 통치하시는 방식이라고 생각합니다.

그것은 하나님께 나를 맞추는 것이 아니라 나에게 하나님을 끌어내리는 것입니다. 누가 누구를 끌어내린다고요? 내가 하나님을 끌어내립니다. 왜 그렇게 된다구요? 내가 원하는 일을 하나님께서 만들어 내라고 목숨을 걸고 매달리기 때문입니다. 그게 신앙생활인 것으로 당연하게 생각하고 살고 있습니다.

다시 생각해 보십시오.

이 설교자의 안타까움을 아셔야 합니다. 그것이 무엇입니까? 성경이 말하는 구원이라는 것은 저 애굽에서 나온 것만이 전부가 아니라는 것입니다. 그러면 무엇입니까? 이 언약에 신실해야 한다. 이 율법을 지키고 살아야 한다. 신앙의 싸움을 해야 한다. 그것이 성경이 말하는 구원입니다. 아프고 힘들고 괴롭고 상처가 되면 와서 엎드려 기도하시기 바랍니다. 하나님께서는 얼마나 은혜가 풍성하신 하나님이십니까!

그러나, 이걸 잊지 마시기 바랍니다. 어찌 하나님께서는 그렇게 울고불고해도 응답해 주지 않으십니까? 하나님께서 괜히 심술을 부리셔서 그렇습니까? 아닙니다. 하나님께서는 공연히 구원하시고, 공연히 언약하시고, 공연히 율법을 주신 것이 아닙니다.

그것은 언제나 공의를 요구하기 때문입니다. 우리가 아무리 기도를 해도 그것이 공의에 걸리면 안 됩니다. 우리가 기도를 하는데, '하나님 저만 좀 잘 봐 주세요' 그러면 안 됩니다. 그런데 우리는 기도를 해도 그렇게 기도를 하는 경우가 너무 많습니다. 그래서 안 들어 주시면 어떻게 합니까? 구시렁거립니다. 불평불만을 합니다. 그걸 누구한테 하겠습니까? 제일 만만한 사람한테 쏟아붓습니다.

하나님을 너무 경홀히 대하지 마시기 바랍니다.

눈에 안 보이시는 하나님이라고 망령되이 말하지 마시기 바랍니다. 하나님께서 우리를 구원하신 것은 창세 전에 예정하신 것입니다. 그건 정말 놀라운 것입니다. 이스라엘을 애굽에서 구원하실 때도 뭐라고 하셨습니까? 이스라엘이 잘나서 구원하셨습니까? 아닙니다.

> 24 하나님이 그 고통 소리를 들으시고 아브라함과 이삭과 야곱에게 세운 그 언약을 기억하사 25 이스라엘 자손을 권념하셨더라(출 2:24-25)

하나님께서 "아브라함과 이삭과 야곱에게 세운 그 언약을 기억하사" 구원해 주셨습니다. 왜 그러셔야 했습니까? 하나님께서는 그 언약하신 것을 반드시 이루시는 분이시기 때문입니다.

왜 언약하셨습니까? 그들을 어디에 써먹다가 버리시려고 구원하셨습니까? 아닙니다. 하나님이 얼마나 얼마나 위대하시고 놀라우신 분이신지, 그 하나님이 얼마나 은혜로우신 분이신지, 그 하나님이 얼마나 자비로우신 분이신지 알게 하시려고 구원하셨습니다. 그리하여 하나님의 그 은혜와 사랑을 온 세상에 전하여 하나님의 영광을 나타내고 하나님을 찬송케 하시려고 구원하셨습니다. 그렇게 하시려고 예수 그리스도를 십자가에 못 박아 죽게 하셨습니다.

그리고 무엇을 주셨습니까?

이 언약을 맺으시고, 이 말씀을 주셨습니다. 그것이 싫으면 금송아지를 만듭니다. '우리가 언제요?' 그러지 마시기 바랍니다. 구원 이후에 이 말씀대로 살아가는 신앙의 싸움이 없으면 금송아지를 만들게 됩니다. 분위기를 찾습니다. 심심해집니다. 왠지 허전해집니다. 참 재미있지 않습니까? 세상은 조용한 곳을 찾는데, 기독교인들은 요란스러운 데를 찾고 있습니다.

왜 세상은 조용한 곳을 찾아갑니까?

허탈하기 때문입니다. 안 됩니다. 그런데 그 조용한 곳에 찾아가도 안 됩니다. 왜 안 됩니까? 조용한 곳에 가면 뭐가 될 줄 알았는데, 조용한 곳에 가도 마음이 채워지지 않습니다. 왜 기독교인들은 요란스러운 데를 찾아갑니까? 자기를 인정해 달라는 것입니다. 그렇게 자기 잘난 맛에 살아도 안 되는 것입니다. 왜 그렇습니까? 사람은 그 맛으로는 안 되더라는 것을 얼마 안 가서 알게 되기 때문입니다.

그래서 어쩌라는 것입니까? 출애굽은 애굽에서 나온 것이 전부가 아니라는 것입니다. 영적으로 생각하지 않으면, 원수가 누구인지 모르면, 신학 충돌이 없으면, 언약이 뭔지 왜 율법을 주셨는지 그걸 모르면 금송아지를 만듭니다.

율법은 누가 지킵니까?

구원받은 사람이요 언약을 맺은 사람입니다.

그걸 언제 지킬 수 있습니까?

하나님이 전부가 될 때 지킵니다.
언제 전부가 됩니까?
예수님을 믿은 그 순간부터 전부가 됩니다.

하나님만 의지하시기 바랍니다. 예수님 십자가만 의지하시기 바랍니다. 성령 하나님만 의지하시기 바랍니다. 그래서 세상이 아무리 어렵고 힘들어도 이 말씀대로 죽도록 충성하면서 믿음을 지켜가는 하나님의 백성들이 다 되시기 바랍니다.

여호와의 편에 있는 자 4

> 25 모세가 본즉 백성이 방자하니 이는 아론이 그들로 방자하게 하여 원수에게 조롱거리가 되게 하였음이라 26 이에 모세가 진문에 서서 가로되 누구든지 여호와의 편에 있는 자는 내게로 나아오라 하매 레위 자손이 다 모여 그에게로 오는 지라 27 모세가 그들에게 이르되 이스라엘의 하나님 여호와께서 이같이 말씀하시기를 너희는 각각 허리에 칼을 차고 진 이 문에서 저 문까지 왕래하며 각 사람이 그 형제를, 각 사람이 그 친구를, 각 사람이 그 이웃을 도륙하라 하셨느니라 28 레위 자손이 모세의 말대로 행하매 이 날에 백성 중에 삼천 명 가량이 죽은 바 된지라 29 모세가 이르되 각 사람이 그 아들과 그 형제를 쳤으니 오늘날 여호와께 헌신하게 되었느니라 그가 오늘날 너희에게 복을 내리시리라 (출 32:25-29)

하나님께서는 이스라엘을 구원하여 언약하신 하나님이십니다. 그 구원과 언약은 이 세상 어느 민족도 누리지 못하는 하나님의 백성들만의 특권입니다. 그런데 그 귀하고 복된 자리에서 벗어나 심각한 범죄를 저질렀습니다. 그들이 범죄한 내용은 금송아지 우상을 만들고 음란한 축제를 벌인 것입니다. 도대체 그 일이 무엇일까요? 설교 제목이 "여호와의 편에 있는 자"라고 하면서 지금 네 번째 설교를 하고 있습니다. "여호와의 편에 있는 자"가 아닌 사람들이 누구입니까? 여기 이 이스라엘 백성들입니다. 금송아지를 만들어 놓고 범죄를 저지른 사람들입니다. 왜 이런 범죄를 저지르게 되는 것입니까? 지금까지 여러 이유들을 말해 왔지만 오늘은 또 다른 각도에서 살펴보려고 합니다. 다른 각도라고 하는 것은, '지금까지 살펴본 내용들의 핵심에 무엇이 있는가?' 하는 것입니다.

사탄은 언제나 하나님을 대항하고 반역합니다. 그 일을 하기 위하여 인간을 죄짓게 합니다. 인간이 짓는 죄라는 것은 근본적으로 하나님의 말씀에 불순종하는 것입니다. 불순종한다는 것은 무슨 뜻이냐 하면, 자율성으로 가는 것입니다. 하나님 없는 인간의 자율성으로 갑니다. 그 말은 자기 스스로의 원칙으로 생활한다는 것입니다. 하나님께서 말씀하시고 그 말씀에 순종해서 살아가는 것이 아니라, 인간이 어떤 원칙을 만들어 놓고 그 원칙에 따라 살아가는 것입니다.

그러면, 그렇게 하나님 없는 인간의 자율성, 인간 스스로 살아갈 수 있다고 말하는 세상에는 무엇이 자리 잡느냐 하면, 결정론이 자리 잡습니다. 결정론이라는 것이 무엇입니까? 똑같은 말은 아니지만 인과율과 비슷한 말입니다. 과거의 어떤 일이 지금을 만들어 내었고, 또 지금의 어떤 일이 미래를 만들어 낸다는 것입니다. 우리는 교회에 다니면서 불교 용어를 쓸 때가 있습니다. 물론 우리가 다 몰라서 그런 말을 하는 것이지 고의적이고 악의적으로 사용하는 것은 아닙니다. 불교문화 속에서 살다보니, 그것이 하나의 습관이 되어 버렸기 때문입니다. 그중에 하나가 '갑장'이라는 말입니다. '갑장'이란 '육십갑자'가 같다는 뜻입니다. 육십갑자란 '육십 년 만에 돌아오는 갑자'라는 말입니다. 육십갑자는 고대의 중국과 우리나라의 역법에서 일상적으로 사용되었던 주기 이름입니다. 1주일의 주기가 7일이듯 육십갑자의 주기는 60년이고, 육십갑자가 한 바퀴 돌면 회갑이라 했습니다. 그것으로 팔자를 봅니다.

또 사용하지 말아야 할 말이 '인연'이라는 말입니다. '이렇게 만난 것도 다 인연입니다.' 그렇게 말하는 분들이 많습니다. 우리는 그 말을 쉽게 말하지만, '불교가 뭐냐?'라고 말하면, '인연설이다.' 그럽니다. 부처는 '연기를 깨달았다'고 말합니다. 부처라는 말은 해탈을 한 사람을 말하는데, 그 원래 이름이 싯다르타입니다. 연기(緣起)라는 것이 무엇입니까? "이것이 있으므로 저것이 있고, 이것이 일어나므로 저것이 일어난다. 이것이 없으면 저것도 없고, 이것이 사라지면 저것도 사라진다." 그렇게 말합니다. 이것이 무슨 말입니까? '이 세상의 모든 만물이 서로 의지해 있다는 말'입니다. 서로가 서로에게 원인이 되어서 생겨나고 있게 되었다는 뜻입니다.

예수님을 믿는다는 것은 하나님께서 이 세상 만물을 창조하셨고, 인간을 창조하셨고, 하나님께서 이 모든 것을 섭리해 가시고 다스려 가신다는 것을 믿는 것입니다. 우리는 원인과 결과만으로 세상을 다 알지 못합니다. 원인과 결과만으로 움직여지는 세상이라고 생각하고 살면 인간이 어떻게 됩니까? 인간이 기계가 됩니다. 커피 자판기가 생각해 보십시오. 커피 자판기 앞에서 내가 마시고 싶은 커피를 고릅니다. 그리고 그 커피의 값을 보고 지폐를 넣든지 동전을 넣고 버튼을 누르면 커피가 나옵니다. 원인이 있고 결과가 있어서 무엇이 만들어진다는 것은 바로 그런 것을 말합니다. 거기에는 무엇이 없습니까? 인격이 없습니다. 인간이 아닌 존재가 됩니다.

사람이 기분이 나쁜 것이 무엇입니까? '내가 돈 버는 기계야?' 이런 것입니다. 직장 생활 열심히 하다 보면 어느 날 문득 그런 생각이 들게 됩니다. '내가 무슨 돈 버는 기계도 아니고 맨날 죽자 살자 돈만 벌다가 죽어야 하나?' 그런 생각이 덮쳐 옵니다. 그렇게 되면 마음이 허~해집니다. 이것이 감당이 안 됩니다. 세상은 그걸 우울증이라고 하기도 하고, 별의별 정신병명을 다 갖다 붙이기 시작합니다.

그렇게 인간이 기계가 되어 버리면 사람들이 어떻게 변합니까? 한 마디로 타락입니다. 그것은 역사가 말해 줍니다. 지나간 인류의 역사에서 인간은 썩어질 대로 썩어졌고 지금도 썩고 있고 앞으로 더 썩을 것입니다. 그래서 종말이 옵니다. 스스로 죄악에 빠져 죽습니다. 힘 있는 나라 힘없는 나라를 빼앗습니다. 인간의 욕심은 끝이 없기 때문에, 빼앗고 또 빼앗습니다. 세계 1, 2차 대전으로 수많은 사람이 죽었습니다. 지금도 죽이고 있습니다.

잘 생각해 보십시오. 왜 그렇게 타락하게 되는가 하고 말입니다. 그것은 처음부터 말했듯이, 하나님 없는 자율성으로 갔기 때문입니다. 하나님 없이 우리 마음대로 살아가겠다고 아주 독한 마음을 먹고 삽니다. 성경은 그것을 두고 뭐라고 하느냐 하면, 쓴뿌리라고 말합니다. 그렇게 독한 마음으로 살아가는 것이 죄입니다. 에덴동산의 죄는 그냥 '먹지마라는 거를 먹었다' 그런 정도가 아닙니다. 하나님의 말씀에 불순종했다는 것은 단순히 '말 안 들었다' 그런 정도가 아니란 말입니다. 거기에는 사탄의 시험이 있었습니다.

사탄이 뭐라고 미혹했습니까?

너희가 그것을 먹는 날에는 너희 눈이 밝아 하나님과 같이 되어 선악을 알 줄을 하나님이 아심이니라(창 3:5)

여기를 잘 보십시오. 그냥 단순하게, '선악과를 먹어봐. 이거 정말 맛있다. 이거 먹으면 다른 과일은 못 먹는다.' 그런 정도로 말한 것이 아닙니다. 이 선악과를 먹으면 하나님과 같이 된다고 거짓말로 미혹했습니다. 선악을 판단하는 것은 하나님만이 하시는 데, 그것을 인간이 하려고 합니다. 인간이 하나님이 되려고 합니다. 그것이 죄의 본질입니다. 그것을 요즘 말로, 인간의 자율성이라고 말합니다. 하나님 없이 사는 세상은 인과율이 지배하게 되고, 인간은 기계가 되고 말았습니다.

기계가 되면 인격이 없다고 했습니다. 그 말이 현실적으로 어떻게 또 다가오느냐 하면, 도덕이 필요 없어집니다. 인간이 살아가는 세상에는 반드시 도덕이 있어야 합니다. 도덕이 무너지면 세상은 그야말로 생지옥이 됩니다. 왜 그렇습니까? 가진 자들의 세상이 되기 때문입니다. 돈 있는 사람, 주먹 센 사람, 권력 있는 사람들이 세상을 지배하게 됩니다. 겁나는 것이 없습니다. 왜 그렇습니까? 돈으로 다 되는 것 같거든요. 권력으로 다 되는 것 같아 보이기 때문입니다. 하나님이 계신다는 것을 믿고 살면, 하나님이 겁이 나고, '하나님 앞에 똑바로 살아야지' 이렇게 되는데, '하나님이 없다. 인간이 하나님이다.' 그래 놓으니, 이제는 돈이면 다 되고, 권력이면 다 되는 세상이 되었습니다. '돈으로 못할 것이 없고 힘으로 못할 것이 없더라.' 그렇게 세상이 되어 버렸습니다. 윤리, 도덕이 사라지고 나니, 세상이 어떻게 되었습니까? 세상이 성적으로 타락했습니다. 지켜야 할 선이 무너져 버렸습니다. 눈에 뵈는 것이 없어져 버렸습니다.

지금까지 이런 설명들이 왜 필요합니까? 그것은 이 시내산 아래에서 일어난 이스라엘의 범죄가 이런 것과 똑같은 마음을 가지고 일어난 죄악이기 때문입니다. 억지로 끼워 맞추는 것이 아니라, 이스라엘의 범죄는 단순한 우상숭배가 아닙니다. 성적인 타락이 일어나기까지는 이런 인간의 마음이 작동합니다. 우리를 초월하여 계시면서 우리를 구원하시는 그런 하나님이 아니라, 인간이 얼마든지 조작할 수 있는 그런 하나님으로 끌어내리고 이집션 쉐이크로 음란한 제사를 하면서 인간이 신이 되려고 하는 그런 과정 가운데 일어납니다.

그러니까, 성적인 타락은 단순히 육체적 타락만을 말하지 않습니다. 정리를 하자면, 상층부를 포기한 인간, 하나님 없는 자율성으로 가는 인간은 인간이 신이 되고 인간이 기계가 되고, 거기에는 결정론이 자리 잡고, 인격과 도덕은 없어지고 그런 다음에 성적인 타락이 온다는 것입니다. 그것이 바로 하나님을 향한 반역입니다. 하나님과 인간의 구별이 사라지고 나면 인간은 더러운 죄성이 드러나서, 인간이 신이 되고, 성적으로 타락하게 됩니다. 그것이 신을 달래는 길이라고 생각하며, 그것이 신이 되는 길이라고 생각하기 때문입니다. 그래서 가나안의 종교, 바벨론의 종교, 애굽의 종교는 음란한 것입니다. 그것은 옛날에만 그런 것이 아니라, 지금도 그렇습니다. 세상의 종교와 문화는 음란합니다. 그런 음란함은 그냥 일어나는 것이 아니라는 것입니다.

하나님께서 이스라엘 백성들과 언약하시는 것은 이방의 종교처럼 자기 스스로 열심을 바쳐서 신을 달래고 신이 되는 종교, 그 과정으로 성적인 타락이 일어나는 그런 더러운 종교가 아니라, 하나님이 살아계시고, 그 하나님께서 구원하시고 언약하시고 주신 그 율법에 순종하며 살면서 거룩하고 경건하게 살기를 원하시기 때문입니다.

하나님 없는 인간으로 사는 것이 자유라고 말하는 세상입니다. 그 세상이 어디로 가고 있는지 잘 보십시오. 지금은 동성애가 당당한 세상이 되었습니다. 학교에서도 군대에서도 사회에서도 허용이 되어야 한다고 소리치는 사람들이 늘어가고 있습니다. 이제는 교회도 그렇게 동성애 목사를 강단에 세우는 시대가 되었습니다. 그런 사람들이 누구입니까? 그런 사람들은 하나님을 안 믿는 사람들입니다. 하나님 없이 살아가는 사람들은 인간이 마음대로 자기 욕망대로 살아가는 것이 자유이고 주체성이라고 말합니다. 그렇게 세상은 썩어가고 타락해 가고 있습니다.

그러면, 우리는 어떻게 살아가야 합니까? 우리는 언제나 예수 그리스도의 십자가 피로 구원받은 그 은혜를 기억하고 성령 충만하여 그 말씀대로 살아가야 합니다. 이 세대를 본받지 말고 힘들고 어려워도 말씀대로 살아가야 합니다. 거룩하게 살려고 애쓰는 것이 복된 것입니다. 거룩하게 사는 것은 예수 그리스도를 구주로 믿고 그 말씀에 순종하는 길입니다. 세상과 다르게 살려고 애쓰고 세상이 가는 길로 안 갑니다. 조금만 옆으로 가면, 한 발자국만 건너면 바로 죄악 된 길로 가게 됩니다.

차를 운전해 가다 보면 사고 현장을 보게 됩니다. 사고 종류야 여러 가지이지만, 차선을 위반해서 일어나는 경우가 많습니다. 운전은 내가 가야 할 선 안에 가야 합니다. 중앙선을 넘는 순간에 대형사고가 납니다. 1미터 2미터 차이가 아닙니다. 한 뼘 차이이고 한 발자국 차이입니다. 그런데 사고가 나면 치명적인 사고가 납니다.

사람은 어떻습니까? 누구나 유혹을 받습니다. 누구나 흔들립니다. 그러나 조금만 틈을 보이면 사탄은 우리를 죄악에 빠트리고 죽입니다. 우리가 무엇이 잘났습니까? 아무것도 잘난 것이 없습니다. 우리의 능력은 미약합니다. 그래서 우리는 기도해야 합니다. 주기도문에서 기도하듯이, "우리를 시험에 들게 하지 마옵시고, 다만 악에서 구하옵소서"라고 기도해야 합니다. 고린도전서 10장 12절에서, "그런즉 선 줄로 생각하는 자는 넘어질까 조심하라"고 했습니다.

언제나 하나님께서 막아 주시길 기도해야 합니다. 하나님께서 선한 길로 인도해 주시길 엎드려야 합니다. 간구해야 합니다. '너희들은 그렇게 살아도 나는 그렇게 안 산다.' 그렇게 목에 힘주고 살다가는 큰일 납니다. 그리고 하나님께서 가라고 하시는 길, 이 좋은 길로, 이 복된 길로 가려고 말씀에 믿음에 충성해야 합니다. 그래야 내가 삽니다. 살아도 그럭저럭 사는 것이 사는 것이 아니고, 거룩하고 경건하게 살아야 바르게 사는 것입니다.

맨날 죄짓고 회개하고 죄 짓고 회개하고 죄 짓고 회개만 하다가 하나님의 나라에 가는 것이 아니라, 예수님을 믿는 성도답게 믿음의 싸움을 하다가 가야 합니다. 실패해도 다시 예수님께로 가고, 죄를 지어도 다시 예수님께로 가야 합니다. 회개하고 다시 말씀을 붙들고 끝까지 이 믿음 지키고 살려고 죽도록 충성하다가 아버지 나라에 들어가는 믿음의 성도들이 다 되시기 바랍니다.

여호와의 편에 있는 자 5

25 모세가 본즉 백성이 방자하니 이는 아론이 그들로 방자하게 하여 원수에게 조롱거리
가 되게 하였음이라 26 이에 모세가 진문에 서서 가로되 누구든지 여호와의 편에 있는
자는 내게로 나아오라 하매 레위 자손이 다 모여 그에게로 오는 지라 27 모세가 그들에
게 이르되 이스라엘의 하나님 여호와께서 이같이 말씀하시기를 너희는 각각 허리에 칼을
차고 진 이 문에서 저 문까지 왕래하며 각 사람이 그 형제를, 각 사람이 그 친구를, 각 사
람이 그 이웃을 도륙하라 하셨느니라 28 레위 자손이 모세의 말대로 행하매 이 날에 백
성 중에 삼천 명 가량이 죽인 바 된지라 29 모세가 이르되 각 사람이 그 아들과 그 형제
를 쳤으니 오늘날 여호와께 헌신하게 되었느니라 그가 오늘날 너희에게 복을 내리시리라
(출 32:25-29)

하나님께서는 그 크신 은혜와 사랑으로 이스라엘을 구원하시고
이 시내산에서 언약하셨습니다. 그런 이스라엘이 범죄하는 과정을
통해서 우리도 역시 그런 죄를 짓는 동일한 인간이라는 것을 확인
하고 있습니다. 오늘은 25절 말씀을 통해서 이스라엘 죄를 지은 그
결과에 대해서 살펴보려고 합니다. 25절 시작에서, "모세가 본즉
백성이 방자하니"라고 했습니다. 이 말이 가지는 의미는 '이집션 쉐
이크'라고 했습니다. 단순한 성적인 타락이 아니라 종교적 도약으
로 가는 음란한 축제입니다.

그것은 신과 인간이 하나가 되는 방식입니다. 이런 방식은 언제

나 세상에 있어 왔고 그런 세상의 방법들이 교회 안으로 들어와서 교회를 무너뜨리려고 했습니다. 그것은 시대마다 여러 가지 스타일이 있습니다. 그 시대에 유행하는 방식을 따라가기 때문입니다. 그것이 철학일 수도 있고 미술과 음악일 수도 있습니다. 그리고 그것은 요란스러운 광란의 축제가 될 수도 있고 관상기도나 침묵 기도와 같은 조용한 영성운동으로 갈 수도 있습니다. 그것은 방식의 차이일 뿐입니다. 그 시작은 대개 큐티입니다. 그러면 그 방식의 차이를 떠나서 실제로 중요한 핵심은 무엇입니까? 그것은 인간이 애쓰고 노력해서 하나님께 나아갈 수 있다는 것입니다.

지금 이렇게 말씀을 생각하는 것은, '이스라엘이 저지른 죄의 실체가 무엇이냐?' 하는 것입니다. 우리가 그렇게 말씀을 살피지 않으면, '이스라엘의 죄는 이스라엘의 죄이고 우리는 그렇지 않습니다.' 그렇게 생각하게 됩니다. 성경이 우리에게 알려주고자 하는 그 죄의 실체가 무엇인지 바르게 알아야 우리가 살아가는 지금 이 현실에서 그런 죄를 짓지 않게 됩니다. 이스라엘이 저지른 죄의 형태나 우리가 저지른 죄의 형태나 그 외적으로 드러나는 방식만 다를 뿐이지 그 죄의 실체는 동일하기 때문입니다.

인간이 애씀으로 하나님께 나아갈 수 있다는 것은 다만 '나아감' 그것으로 끝나지 않고 인간의 신격화, 신성화가 목적입니다. 이것이 도약입니다. 그래서 위험합니다. 그런 사상이나 영성은 언제나 같은 그룹들을 형성합니다. 그들은 따로 떨어져 있는 것처럼 보이지만 사실은 그렇지 않습니다. 그들은 사실 긴밀한 협조 관계에 있는 그룹들입니다.

그런 그룹들이 교회사에서 어떻게 나타났습니까?

사도 바울의 선교에 가장 위협적으로 나타난 것이 '율법주의'와 '영지주의'였습니다. 물론 율법주의가 그 자체만으로 신성화를 겨냥하는 것은 아닙니다. 그러나, 율법주의는 복음의 근본을 뒤흔드는 것이었습니다. 복음의 근본을 흔든다는 것은 구원의 기본적인 원리를 바꾸는 것입니다. 그것이 갈라디아서에 잘 나와 있습니다. 오직 예수 그리스도를 믿음으로 구원을 얻습니다.

그러나, 율법주의는 인간이 율법을 지켜 의로워져야 한다고 믿는 사람들입니다. '믿음만으로 안 된다'고 말합니다. 예수님을 믿는 그 믿음 위에 율법을 지키어 의로워져야 한다는 것입니다. 사도 바울은 그런 자들을 향해서 매우 단호하고 강력하게 말했습니다.

7 다른 복음은 없나니 다만 어떤 사람들이 너희를 요란케 하여 그리스도의 복음을 변하려 함이라 8 그러나 우리나 혹 하늘로부터 온 천사라도 우리가 너희에게 전한 복음 외에 다른 복음을 전하면 저주를 받을지어다 9 우리가 전에 말하였거니와 내가 지금 다시 말하노니 만일 누구든지 너희의 받은 것 외에 다른 복음을 전하면 저주를 받을지어다(갈 1:7-9)

왜 사도 바울이 이렇게 무시무시하게 저주를 했습니까? 그것은, 구원은 오직 예수님을 믿는 믿음이라야 하는데, 그것을 무너뜨리기 때문입니다. 사도 바울이 생명을 다해 전파한 복음은 오직 예수, 오직 십자가입니다. 그런데 거기에 율법으로 의로와져야 한다는 것을 말하는 유대주의자들의 거짓 된 복음, 다른 복음은 저주받을 복음이었습니다.

'그러면 왜 우리는 율법을 지키라고 안 하나요?'라고 말합니다. 그러나 그것은 구원받은 자로서의 삶의 원리를 말하는 것이지, 율법을 지키어 의로워져야 한다는 뜻이 아닙니다. 교회 안에서는 언제나 율법주의와 율법폐기론자들이 있어 왔습니다. 이 두 가지를 잘 경계해야만 합니다. 이 두 가지는 다음 기회에 살펴보도록 하겠습니다.

교회에 가장 위협적으로 나타난 것이 바로 영지주의입니다. 초대 교회에서는 영지주의가 교회를 위협했습니다. 영지주의는 무엇이 문제입니까? 영지주의는 인간의 영이 바깥 세상에서 왔기 때문에 그 해방을 위한 자극도 마땅히 바깥 세계에서 와야 한다고 말합니다. 어디서 많이 들어 본 말 아닙니까? 우리의 구원이 어디서 와야 한다고 말했습니까? 우리 바깥에서 와야 한다고 했습니다. 그러면 기독교와 영지주의는 무슨 차이가 있습니까? 마치 똑같이 바깥에서 와야 한다고 말하는 것처럼 보입니다.

무엇이 다릅니까? 기독교는 인간의 내면에 신성이 없고 인간이 죄인이라는 것이고, 영지주의는 인간의 내면에 신성함이 있다고 생각하는 것입니다. 영지주의자들은 인간의 그 신성함이 깨어나고 잠재력이 실현되기 위해서는 어떤 강력한 간섭이 필요하다고 말합니다. 그 도움의 손길이 무엇입니까? 그것은 '빛의 사자'입니다.[15] 그것은 요즘 말로, '영적인 안내자'입니다. 접신할 때 애기동자 신내림을 받는 것과 같은 것입니다.

---

15) 스티븐 횔러, **이것이 영지주의다**, 이재길 역 (서울: 산티, 2006), 90.

그러면 이런 영지주의자들이 교회 안에 들어오면 무슨 일이 생깁니까? 예수님이 우리 죄를 대속하시기 위하여 십자가에 못박혀 피 흘려 죽으신 분이 아니라, 인간의 신성을 채워주기 위하여 오는 영적인 안내자로 생각합니다. 그래서 사도 요한은 영지주의를 적그리스도라고 했습니다.

> 아이들아 이것이 마지막 때라 적그리스도가 이르겠다 함을 너희가 들은 것과 같이 지금도 많은 적그리스도가 일어났으니 이러므로 우리가 마지막 때인 줄 아노라(요일 2:18)

분명하게 '적그리스도'라 했습니다. 왜 적그리스도입니까? 구원의 길을 완전히 바꾸어 버리기 때문입니다. 이런 일들이 교회사에는 더 많이 있어 왔습니다. 알미니안주의나 펠라기우스주의자들, 반펠라기우스주의자들, 그리고 수많은 이단이 교회 안으로 들어왔습니다. 그들은 교묘한 말로 사람들의 귀를 즐겁게 하면서 자유의지가 있다고 말하면서 구원의 근본교리를 변질시켰습니다. 이것이 이스라엘 범죄한 내용과 같은 것들입니다.

두 번째로 생각하려는 것은 "원수에게 조롱거리가 되게 하였음이라"는 말씀입니다. 왜 원수에게 조롱거리가 되었습니까? 그것은 우리가 앞서 살펴본 대로 일어났기 때문입니다. 무슨 일이 일어났습니까? 이스라엘이 범죄한 일들이 바로 애굽에서 하는 종교적 행사와 똑같았기 때문입니다. 그것이 무슨 조롱거리가 됩니까? 출애굽은 참으로 엄청난 일이었습니다. 여호와 하나님의 열 재앙이 애굽에 내렸을 때 온 애굽이 두려워 떨었습니다. 애굽에서 나온 것으로 끝이 아니었습니다. 홍해에서 죽느냐 사느냐 하는 절체절명의 순간에서 여호와의 구원을 다시 맛보게 되었습니다. 바로의 군대는 그 홍해에서 죽었습니다. 그러나 이스라엘은 살아났습니다. 그렇게 열 재앙을 지나고 홍해를 지나서 이 시내산까지 왔는데, 겨우 하는 것이 저 애굽에서 우상을 섬기며 음란한 축제를 했던 것과 똑같은 일을 하고 있는 것입니다. 그 장면을 애굽 사람들이 보면 무엇이라고 했습니까? '아니 저러려고 애굽에서 나간 거야? 도대체 왜 나간 거야? 저럴 거면 애굽에 그냥 있지'

그렇게 되면, 어떻게 되는 것입니까? 여호와 하나님께서 조롱을 받으시는 것입니다. 이스라엘만 욕 들어 먹는 것이 아닙니다. '저러려고 세상을 발칵 뒤집어 놓으신 거에요?' '애굽의 열 재앙을 내리시고 홍해를 지나와도 우리와 똑같네요' 그렇게 되는 것입니다. 이것이 오늘 말씀에서 말하는 원수에게 조롱거리가 되게 하였음이라"는 뜻입니다.

이것이 신약으로 말하면 어떤 것이 되겠습니까? 세상 사람들이 예수님을 믿는 사람들을 보고 이렇게 말하는 것입니다. '아니 예수님은 왜 십자가에 못 박혀 죽으신 겁니까?' '겨우 저러려고 십자가에 피 흘려 죽으신 거에요?' '우리나 예수 믿는 사람이나 똑같네요' 이렇게 되는 것입니다. 지금 교회가 그렇게 변해가고 있습니다. 놀랍게도 현대교회는 영지주의화 되어가고 있습니다. 그 하는 모양들이 영지주의자들이 하는 것과 매우 비슷합니다. 성령집회, 관상기도, 내적치유 이런 데 빠져서 하나님의 말씀인 성경만으로 살아가려고 하지 않습니다. 그 일에 대표적인 주범이 바로 '큐티운동'입니다.[16] '큐티한다'면서 너나 할 것 없이 하나님의 음성을 듣는다고

---

16) 순전한 말씀 묵상이 아닌 '렉티오 디비나'에 기초한 큐티운동을 말합니다.

합니다. 그 음성을 못 들으면 무슨 영성이 떨어지는 사람이 되어 버렸습니다.

그래서 요즘은 다 '영성'을 말하는 시대가 되었습니다. 영성이라고 말하니 불교 영성이나 로마 가톨릭 영성이나 퀘이커 영성이나 이제 다 같은 차원으로 생각합니다. 얼마 전에 WCC 문제로 그렇게 시끄럽게 되었었지만, 많은 교단과 교회들이 왜 그것이 문제가 되느냐고 말하는 시대가 되었습니다.

WCC가 무엇입니까? 영어로, The World Council of Churches 라고 해서, 세계교회협의회입니다. 원래 선교지에서, 복음의 혼돈과 교파 간의 분열을 염려한 선교사들이 그리스도 안에서의 '복음의 확산'과 '교회 간의 단결'을 위하여 순수한 연합을 그 목적으로 세워진 것이었습니다.

그러나 그 원래의 설립 목적을 완전히 벗어나서, 1954년 8월 미국 에반스톤에서 열린 제2차 총회 때, "세상의 모든 악을 처치시키기 위한 사회주의 건설이 WCC의 지상목표다"라고 선언했고, 한국 교회의 보수측은 총회에서 그 연설을 반대하고 퇴진을 했지만, 기장 기감 예장통합측은 KNCC(The National Council of Churches in Korea) 이름으로 WCC에 가입했습니다. 그리고 이번 행사에서 보여주었듯이, 완전히 세상의 잡신들을 다 허용하는 잔치를 벌인 저주받을 행사를 했습니다. 그 행사의 기도문 중에는, "오 하나님 부처님! 나무아비타물 아멘!" 이런 것도 있었습니다.

세상이 무엇이라고 합니까? 예수 믿는 사람이나 세상 사람들이나 아무런 차이가 없어져 버렸습니다. 그러려면 무엇을 하려고 예수님을 믿었습니까? 그런데 요즘은 그렇게 말하는 사람이 칭찬받고 존경받는 시대가 되었습니다. 이것이 이스라엘이 범죄한 내용의 실체이고 우리 시대의 교회들도 그렇게 가고 있습니다.[17]

우리는 어떻게 이 믿음을 지켜 가야 합니까? '오직 성경만으로' 만족하는 신앙이 되어야 합니다. 그렇게 가기 위해서는 현실의 어려움과 아픔과 상처를 어서 빨리 해결 받기 위해 세상의 방식을 쫓아가서는 안 됩니다. 힘들고 어려워도 하나님의 누구시며 하나님의 말씀이 무엇인지 배워가야 합니다. 세상의 헛된 철학과 종교와 영성을 쫓아가서도 안 됩니다.

이스라엘의 범죄는 옛날 이야기가 아닙니다. 오늘도 일어나고 있습니다. 우리도 그 길로 가지 않기 위해 더 기도하며 더 말씀만으로 가야 합니다. 인간을 위한 기독교가 되어서는 안 됩니다. 인간이 노력해서 구원받는 기독교가 되어서는 안 됩니다. 구원은 오직 예수 그리스도의 십자가 피로써만 이루어진 것입니다. 거기에 무엇을 더하거나 빼서는 안 됩니다.

우리의 삶으로도 달라야 합니다. '예수 믿는 너희들이나 우리나 뭐가 다르냐? 똑같네. 그러려고 예수 믿었나?' 이런 소리 듣게 해서는 안 됩니다. 살아가는 삶의 내용이 달라야 합니다. 어디에 목숨을 걸고 사는지, 무엇을 위해 살아가고 있는지, 그것이 달라야 합니다. 세상 사람들이 봐도 가치 없어 보이는 인생이 되어서는 안 됩니다. 세월이 가도 변하지 않고 끝까지 예수 십자가 이 믿음 지켜가면서 하나님께서 원하시는 믿음의 길, 말씀의 길로만 달려가는 믿음의 성도들이 다 되시기 바랍니다.

---

17) http://www.ccnkorea.com/news/articleView.html?idxno=719 W.C.C란 과연 무엇인가?(2010. 7. 29.)

여호와의 편에 있는 자 6

25 모세가 본즉 백성이 방자하니 이는 아론이 그들로 방자하게 하여 원수에게 조롱거리가 되게 하였음이라 26 이에 모세가 진문에 서서 가로되 누구든지 여호와의 편에 있는 자는 내게로 나아오라 하매 레위 자손이 다 모여 그에게로 오는 지라 27 모세가 그들에게 이르되 이스라엘의 하나님 여호와께서 이같이 말씀하시기를 너희는 각각 허리에 칼을 차고 진 이 문에서 저 문까지 왕래하며 각 사람이 그 형제를, 각 사람이 그 친구를, 각 사람이 그 이웃을 도륙하라 하셨느니라 28 레위 자손이 모세의 말대로 행하매 이 날에 백성 중에 삼천 명 가량이 죽인 바 된지라 29 모세가 이르되 각 사람이 그 아들과 그 형제를 쳤으니 오늘날 여호와께 헌신하게 되었느니라 그가 오늘날 너희에게 복을 내리시리라 (출 32:25-29)

    하나님께서는 창세 전에 자기 백성들을 택하시고 구원하시는 하나님이십니다. 우리가 받은 이 구원의 은혜는 값싼 것이 아닙니다. 우리는 먹고살기 바쁘고 세상살이에 바빠서 예수 그리스도의 십자가 피로 죄와 사망에서 구원하신 이 은혜를 소홀히 해서는 안 됩니다. 세월이 갈수록 무엇이 더 소중하고 가치 있게 여겨지십니까? 무엇이 정말 내 마음에 제일 소중하게 자리 잡아가고 있습니까? 그것은 우리가 우리 주 예수 그리스도를 향하여 가진 믿음이고 소망이요 사랑이라야 합니다.

마음이 불안하십니까? 살아갈수록 더 힘드십니까? 무엇 때문에 불안하고 무엇 때문에 힘드십니까? '세상에 왜 나 같은 인간이 태어나서 이 모양으로 살아가는가?' 싶어서 괴롭고 힘드십니까? 아니면, 마음이 행복하고 좋습니까? 살아갈수록 만족스럽고 즐겁습니까? 무엇 때문에 행복하고 만족스럽고 즐겁습니까? '예전보다 더 돈이 쌓이고 자식도 잘되고 큰 걱정거리 없이 이만하면 남부럽지 않게 사는 거지' 그래서 행복하고 만족스럽고 즐겁습니까? 그것은 세상 사람들이 살아가는 방식입니다. 세상 사람들은 잘 먹고 잘사는 것에 목숨을 걸고 삽니다. 땅 부자로, 돈부자로 살다가 호이호식 하는 것이 전부입니다.

예수님을 믿고 구원받은 성도로 사는 우리는 어떻게 살아가야 합니까? 죽기 전에 무엇을 하고 싶으십니까? 아니 살아생전에 무엇을 하다가 죽고 싶으십니까? 찬송이야 늘 입만 열면, '내 평생소원 이것뿐 주의 일 하다가 이 세상 이별하는 날 주 앞에 가리라' 그렇게 하지만, 정말 살아생전에 뭐 하다가 죽고 싶으십니까?

내 입맛에 맞는 인생으로 살려고 하지 마십시오. 하나님께서 우리를 여기에 풀어 놓으셨습니다. 여기에서 성도 값을 하다가 주님 앞에 가는 것, 그것이 되어야 합니다. '목사님, 제가 죽기 전에 저 아프리카에 가서 선교하다가 죽을랍니다.' 그러지 마시고, 여기 내가 사는 동네에서 예수님을 믿는 성도로서 값을 하다가 하나님 나라에 가셔야 합니다. 선교사로 가셔야 하는 분들이 계십니다. 그러나, 내가 여기서 예수 그리스도의 구원을 감사하고 여기서 예수님의 십자가 복음을 증거 하다가 하나님 앞에 가는 것도 너무너무 소중하고 귀한 일입니다.

그렇게 살아가려면 어떻게 해야 합니까? 그것은 설교 제목대로 '여호와의 편에 있는 자'로 살아야 합니다. 오늘 같은 설교 제목으로 여섯 번째입니다. 설교 제목이, '여호와의 편에 있는 자'입니다. '여호와의 편에 있는 자'로 살아야 합니다. 이 말의 본래 뜻은, 직역하면, '여호와를 위하는 자는 누구냐?', '누가 여호와를 위하는가?'입니다. 이 엄청난 범죄를 저지른 이스라엘을 향해서 모세는 참으로 여호와의 편에 서 있는 자, 참으로 여호와를 위하는 자를 불러내었습니다.

이 말씀이 무슨 뜻입니까? 그것을 알려면, 훗날에 유다가 범죄한 것들을 살펴보면 알 수가 있습니다. 역대하 33장을 보겠습니다.

> 1 므낫세가 위에 나아갈 때에 나이 십 이세라 예루살렘에서 오십 오년을 치리하며 2 여호와 보시기에 악을 행하여 여호와께서 이스라엘 자손 앞에서 쫓아내신 이방 사람의 가증한 일을 본받아 3 그 부친 히스기야의 헐어버린 산당을 다시 세우며 바알들을 위하여 단을 쌓으며 아세라 목상을 만들며 하늘의 일월성신을 숭배하여 섬기며 4 여호와께서 전에 이르시기를 내가 내 이름을 예루살렘에 영영히 두리라 하신 여호와의 전에 단들을 쌓고 5 또 여호와의 전 두 마당에 하늘의 일월성신을 위하여 단들을 쌓고(대하 33:1-5)

히스기야의 아들 므낫세가 아주 심각하게 타락했습니다. 2절 말씀처럼, "여호와 보시기에 악을 행"했습니다. 도대체 그 악이라는 것이 무엇입니까? 이방의 우상을 섬기는 것입니다. 그것도 여호와의 전에서 우상을 섬기는데, 성경이 어떻게 말하고 있습니까? 5절에 보면, "하늘의 일월성신을 위하여 단들을 쌓고"라고 말합니다. 이것이 무슨 말입니까? 그런 이방의 신들과 언약하는 것입니다. 그 일월성신에게 인생을 바치는 것입니다. 우리가 성경을 읽으면서, "하늘의 일월성신을 위하여 단들을 쌓고"라고 말하면, '그냥 그런가 보다' 그러면 안 됩니다.

우상은 그냥 섬기게 됩니까? 하늘의 일월성신은 그냥 섬기게 됩니까? 아닙니다. 여호와 하나님과 그 맺은 언약을 저버리고 이방의 우상으로 간다는 거는 보통 마음으로는 못합니다. 놀라운 것은 그 죄악을 어디에서 행했는가? 하는 것입니다. '여호와의 전'에서 그 죄를 지었습니다. 그건 그냥 그러는 것이 아닙니다. 완전히 바꾸어 버렸습니다.

그것은 무엇을 행한 것입니까? 믿고 생명을 걸어야 할 하나님을 바꾼 것입니다. 여호와 하나님이 생명이시고 구원이시고 진리시라는 것을 저 우상과 하늘의 달과 별들로 바꾼 것입니다.

왜 그랬습니까? 현실성으로 가기 때문입니다. 먹고 사는 것이 전부인 것으로 가기 때문입니다. 이 현상계에서만 의미와 통일성을 찾으려고 하기 때문입니다. 이 현실 세계에서 하나님의 기준대로 살다가는 인간의 가진 욕망을 그대로 다 표현하지 못하기 때문입니다. 조금만 돌아서서 생각해 보면 얼마든지 인간을 만족시켜 주고 인간을 즐겁게 해 주고 인간의 자율성으로 가는 길이 얼마든지 있어 보이기 때문입니다.

그렇게 살아가려고 하면, 여호와 하나님께 목숨 걸고 살자 이것은 안 됩니다. 배고파 죽어도 하나님만 의지하고 살다가 죽자. 왜 그렇게 살아야 합니까? 하나님만이 하나님이시기 때문입니다. 그런데 그것이 안 됩니다. 그것이 죄인 된 인간이라는 것입니다. 눈앞에 있는 것만 생각하는 것입니다.

그런 것을 누가 만들었습니까? 제사장들이 그랬습니다. 거짓 선지자들이 조장했습니다. 여호와 하나님께서 보내지도 않았는데도 자기를 높여 선지자라고 하면서, 여호와께서 이러이러하게 말씀하셨다고 거짓말을 했습니다. 그 거짓말이 무엇입니까? '재앙은 없다, 평강하다 평강하다' 그랬습니다.

하나님께서 택하여 세운 선지자 예레미야는 계속해서 바벨론을 들어 심판할 것이다. 심판할 것이다. '회개해라. 회개해라.' 그렇게 말하는데도 그들은 사람들이 듣기 좋은 소리를 했습니다.

왜 그랬습니까? 저 거짓 선지자들은 왜 사람들이 듣기 좋은 소리만 했습니까? 자기들 배를 채우기 위해서 백성들을 미혹했습니다. 백성들의 영혼을 생각하지 않고, 백성들이 여호와 하나님 앞에 언약에 신실하게 살아가도록 말씀을 전해야 하는데 사리사욕을 채우기 위해 거짓말만 했습니다. 거기에 사람들이 넘어갔습니다.

우리도 항상 그것을 분별할 줄 알아야 합니다. '저 목사님께서 지금 나 듣기 좋은 소리 하고 있는가? 하나님 편에서 말하고 있는가?' 그걸 볼 줄 알아야 합니다. '저 목사님께서 진짜 내 영혼에 관심이 있어서 전하는 소리인가? 아니면, 자기 배 채우려고 저 소리 하는 것인가?' 그걸 봐야 합니다.

'오늘 설교 듣기 좋다.' 그러면 말짱 헛것입니다. 설교가 듣기 좋으라고 생각하는 그 순간에 그만 한통속이 됩니다. 설교는 예수 그리스도 십자가 피 흘림, 거기에만 구원이 있다는 것이고 그 말씀에 따라 순종하고 살고 생명을 걸고 목숨을 걸고 살아라는 것입니다. 그렇게 하기 위해 자기 죄를 회개하라 하고, 똑바로 살아라고 하는데, 그것이 그냥 듣기 좋다 그러면 전하는 목사나 듣는 성도나 다한 통속이 되어 썩고 부패하게 됩니다. 거기에는 무엇밖에 없습니까? 심판과 죽음밖에 없습니다!

지금 여기 이스라엘 백성들이 그러고 있습니다. 눈앞에 있는 것만 생각하고, 5분 뒤, 5초 뒤를 못 기다립니다. 그런데 하나님께서 모세를 통해 부르십니다. 저 애굽의 인본주의 종교, 사탄의 종교를 버리고, 오직 여호와 하나님만 믿고, 여호와 하나님만 붙잡고 살 자들은 나오라고 하십니다. 이것은 하나님께서 은혜를 베푸십니다.

무슨 은혜입니까? 회개하고 돌이킬 수 있는 은혜를 주십니다. 그것이 은혜입니다. '하나님께서 지금 부르시는구나.' 그것이 우리의 심령이 들리는 것, 우리의 심령이 반응을 하고 자기 죄를 회개하고 하나님 앞으로 나가서, '하나님 제가 왔습니다. 저를 받아주세요.' 그러면서 십자가 앞으로 나가야 합니다. 그것이 아무에게나 주시는 은혜가 아닙니다.

여기도 보십시오. 누가 나왔습니까? 레위 자손이 나왔습니다. 그들은 왜 나왔습니까? 예, 하나님께서 이스라엘을 부르실 때, '하나님께서 지금 은혜를 주시고 계시구나. 지금 회개하고 나가면 살 길이 열리는구나' 그걸 깨닫는 마음을 주시는 것입니다. '누가 여호와를 위하느냐?'라고 부를 때에 달려나가는 것입니다. 그래야 삽니다.

그것은 무엇을 의미합니까? 여호와 하나님만 믿고 의지하겠다는 뜻입니다. 저 애굽의 음란한 종교를 완전히 버리고 오직 여호와의 언약 백성으로 살겠다는 뜻입니다. 우리가 열심을 부리고 동원해서 우리가 원하는 대로 인간의 욕망대로 살아가는 세상이 아니라, 여호와 하나님께서 원하시는 대로 살아가겠다는 것입니다.

이 현상계에만 만족하고 살겠다는 것이 아니라, 하나님의 언약과 그 나라의 백성으로 살아가며, 저 종말에 완성될 그 하나님의 나라를 소망하며 살겠다는 것입니다. 이제 완전히 선을 긋는 것입니다.

그냥 대충 넘어갈 일이 아닙니다. 그것은 죽느냐 사느냐의 문제입니다. 언약은 생명의 언약입니다. 하나님의 말씀대로 순종하면 살고 불순종하면 죽습니다. 그것을 이 시내산 아래서 확정을 짓고 새롭게 시작하는 것입니다.

우리도 마찬가지입니다. 하나님께서 우리에게 은혜를 허락해 주셔서 '이렇게 살아서는 안 되는구나', '내 죄를 회개하고 주님만 붙들고 살아야지'하는 마음을 주실 때 레위 자손 같이 하나님 앞에 나가야 삽니다.

우리가 여기서 명심해야 할 것이 있습니다. 그것은 하나님께서 이 범죄한 백성들에게 여호와의 편에 서라는 것은 이 백성들이 이쪽이냐 저쪽이냐를 선택할 수 있는 기회를 주신 것이 아니라는 것입니다.

그러면 왜 "누구든지 여호와의 편에 있는 자는 내게로 나아오라"고 말했습니까? 그것은, 오직 여호와 하나님께로 돌아와서 여호와 하나님만 의지하고 사는 길이 저들이 살 길이기 때문입니다. 이스라엘이 선택할 수 있는 여지가 있는 것이 아닙니다. 우리는 그것을 오해합니다. 내가 이래도 되고 저래도 되는 것으로 오해합니다. 참다운 성도라면 그것이 마음에 거부감이 없습니다. 무슨 노예가 되라는 뜻이 아닙니다. 저 우상은 저 사탄의 세계는 저주밖에 없고 절망과 죽음밖에 없다는 것을 알게 된 것입니다. 세상의 돈과 권력을 주고 그것으로 재미나게 살 것 같은데 그것이 결국 나를 죽이더라는 것을 아는 것입니다.

예수 그리스도를 구주로 믿고 사는 것은 생명은 오직 예수님 안에만 있다는 것이고 그 예수님의 말씀대로 살아가는 것이 가장 복되고 즐겁고 귀하다는 것을 알게 된 것입니다. 거기에는 무슨 선택, 결단, 주체, 자율 이런 개념이 들어설 자리가 없습니다. 왜 그렇습니까? 인간은 죄인이기 때문입니다. 인간이 스스로 자기를 계발해서 만들어 내지 못하기 때문입니다.

결론적으로, 우리는 어떻게 '여호와의 편에 있는 자'가 될 수 있습니까?
첫째는 진리의 말씀인 성경만으로 가야 합니다.
우리 안에 무슨 능력이 있다는 것이 아닙니다. 믿지 않는 자들에게는 예수 그리스도를 모르는 자들에게는 이 구원의 복음을 증거하여 오직 예수 그리스도 안에만 구원이 있고 생명이 있다는 것을 증거 해야 합니다. 그래서 그들도 예수님의 말씀대로 성경대로 살아가게 해야 합니다.
이미 예수 그리스도를 믿어 구원 얻은 자들은 어떻게 '여호와의 편에 있는 자'로 계속해서 걸어갈 수가 있을까요? 그것은 진리의 말씀을 잘 분별하고 이 복음과 함께 고난을 받아야 합니다. 우리는 지금 매우 혼탁한 시대에 살고 있습니다. 이스라엘이 시내산 아래에서 애굽의 음란한 축제를 벌였던 것처럼, 예수님을 믿는다고 하면서도 교회 안에는 비성경적인 영성으로 오염이 되어 있습니다. 현대 개혁주의의 문제점은 자신들이 하고 싶은 프로그램들은 다 하면서도 개혁주의라고 하는 것입니다.

두 번째는, 현실성에 굴복되지 않아야 합니다.

실제로 믿음으로 산다는 것은 어려운 일입니다. 아무나 쉽게 그 길을 갈 수 없습니다. 현실성이란 앞서 말했듯이, 인간의 욕망대로 살아가는 것입니다. 자본주의화 된 이 세상은 사람들의 마음을 빼앗아갑니다. 그래서 느낌대로 살아가는 것이 잘하는 것이라고 말합니다.

그러나, 인간은 생각과 느낌은 반드시 통제되어야만 합니다. 새롭게 변화되어야만 합니다. 그것은 오직 예수 그리스도를 믿고 그 말씀 안에 살아갈 때만 죄악 된 욕망을 버리고 거룩과 경건으로 달려갈 수가 있습니다. 그러기 위해서는, 이스라엘 백성 중에 레위 자손들이 그랬듯이, 우리도 오직 예수 그리스도께만 생명이 있음을 믿고 예수 그리스도만 붙들어야 합니다.

세 번째는, 종말론적 신앙으로 살아야 합니다.

이것은 현실 도피성이 되어야 한다는 뜻이 아닙니다. 오늘날 개혁주의자들은 대개 신칼빈주의 자들인데, 그들은 세상을 변화시킬 수 있을 것처럼 말합니다. 사회구조를 바꾼다고 해서 인간이 달라지는 것이 아닙니다. 세상은 그렇게 변화되지 않습니다. 사탄이 부리는 그 대행자들인 적그리스도와 거짓 선지자들은 더 사람들을 미혹해서 세상을 죄악에 빠트리고 있습니다. 그렇다고 세상을 외면하라는 것이 아닙니다. 요한계시록이 말하듯이, 세상은 심판을 향해 달려가고 있습니다. 우리는 두 증인의 사역을 감당하다가 주님 앞에 가야 합니다. 예수 그리스도의 피 묻은 복음을 증거 하다가 하나님의 나라에 가야 합니다.

이렇게 우리는 오직 성경만 붙들고 혼합주의를 분별하며, 인간의 욕망대로 살도록 부추기는 현실성에 굴복당하지 않고, 심판을 향해 달려가는 이 세상에서 두 증인의 삶을 살아가는 종말론적인 신앙으로 살아가면서, 오직 여호와의 편에 서 있는 자로 오직 예수 오직 십자가만 붙들고 믿음으로 살아가는 우리 모두가 되기를 바랍니다.

여호와의 편에 있는 자 7

25 모세가 본즉 백성이 방자하니 이는 아론이 그들로 방자하게 하여 원수에게 조롱거리가 되게 하였음이라 26 이에 모세가 진문에 서서 가로되 누구든지 여호와의 편에 있는 자는 내게로 나아오라 하매 레위 자손이 다 모여 그에게로 오는 지라 27 모세가 그들에게 이르되 이스라엘의 하나님 여호와께서 이같이 말씀하시기를 너희는 각각 허리에 칼을 차고 진 이 문에서 저 문까지 왕래하며 각 사람이 그 형제를, 각 사람이 그 친구를, 각 사람이 그 이웃을 도륙하라 하셨느니라 28 레위 자손이 모세의 말대로 행하매 이 날에 백성 중에 삼천 명 가량이 죽인 바 된지라 29 모세가 이르되 각 사람이 그 아들과 그 형제를 쳤으니 오늘날 여호와께 헌신하게 되었느니라 그가 오늘날 너희에게 복을 내리시리라 (출 32:25-29)

하나님께서는 이스라엘 백성을 애굽에서 구원하시고 언약하시어 거룩하게 하시는 하나님이십니다. 그러나 이스라엘 백성은 하나님의 은혜와 하나님의 목적을 저버리고 오로지 인간의 욕망을 채워줄 신을 만들어 음란한 축제를 하면서 죄악을 범했습니다. 여호와 하나님께서는 모세를 통하여 이 일을 회개하고 하나님께 돌아오라고 했을 때 레위 자손이 나오게 되었습니다. 그 레위인들에게 다음과 같이 명령했습니다. 27절입니다.

모세가 그들에게 이르되 이스라엘의 하나님 여호와께서 이같이 말씀하시기를 너희는 각각 허리에 칼을 차고 진 이 문에서 저 문까지 왕래하며 각 사람이 그 형제를, 각 사람이 그 친구를, 각 사람이 그 이웃을 도륙하라 하셨느니라 레위인들은 형제를 죽이고 친구를 죽이고 이웃을 죽였습니다. 칼로 죽였습니다. 그 인원이 얼마입니까? 3천 명가량이 죽었습니다. 아마 신구약에서 이처럼 겁나고 두렵고 떨리는 사건도 없었을 것입니다. 왜 그렇습니까? 자기 형제를 죽이고 친구를 죽이고 이웃을 죽이는 일이기 때문입니다. 적군을 죽이는 것이 아니라 뻔히 아는 사람을 죽여야 했습니다. 그것이 쉬운 일이었겠습니까? 그들의 손을 얼마나 벌벌 떨었겠습니까? 그들은 정말 자신들이 지금 형제와 친구와 이웃을 죽여야 하는 일이 얼마나 살벌한 상황인지 심각하게 생각하고 있었을 것입니다. 똑같은 마음은 아니지만, 저도 설교를 준비하지만, '이번 주에는 어떻게 설교를 해야 하나?' 그 마음으로 기다려왔습니다.

레위인들의 칼에 죽임을 당한 3천명은 이 죄악을 범한 일에 적극적인 주동자로 해석을 합니다. 그들이 주동자였던지 아니면 그 주동자들에게 동조했던 사람이든지 간에, 그들은 왜 죽어야 했습니까? 그들은 우상숭배를 했기 때문입니다. 그런데 그 우상숭배라는 것이 단순한 것이 아니었습니다. 그들이 말하는 신이라는 것은 이스라엘을 구원하신 여호와 하나님과는 아무런 상관이 없는 것입니다. 그들이 금송아지를 만들고 음란의 축제를 벌인 것은 여호와의 구원을 짓밟고 하나님을 애굽의 우상으로 추락시키는 끔찍한 사건이었습니다.

그 음란의 축제라는 것이 저 시내산 아래의 이스라엘만 그런 것이 아니라 지금 교회 안으로도 들어오고 있습니다. 갈수록 CCM은 '이집션 쉐이크'를 따라가고 있습니다. 교회 기념행사나 콘서트를 하면서 째즈도 부르고 영화 음악도 부르고 자기들 부르고 싶은 세상 음악을 다 부르면서, 예배 시간에는, '너희들은 죄인이야. 너희들은 얼마나 죄인인지 철저하게 확인받고 가야 돼. 그렇게 죄짓다가는 하나님의 심판을 받아 죽어' 그렇게 설교하는 목사의 채찍을 맞고 카타르시스를 느끼면서 은혜를 받았다고 말합니다.

카타르시스라는 것은 '마음이 정화된다'는 것입니다. 아리스토텔레스가 『시학』(詩學)에서 비극이 관객에 미치는 중요한 작용 중의 하나로 말한 것인데, 비극의 목적은 '공포와 연민'을 불러일으키고, 그런 비극을 보면서 마음의 안정을 느끼는 것을 말합니다. 그것이 반드시 그렇다는 것이 아니고 그렇게 아리스토텔레스가 생각한 것입니다. 그런데 예수님을 믿는 사람들이 하면서 예배나 찬송이나 다른 활동들이 그렇게 세상의 비극처럼 그렇게 행하고 그렇게 효과를 기대하고 살아가고 있습니다.

교회는 왜 옵니까? 예배드리는 오는 이유가 무엇입니까? 예배 시간에 설교 시간에 전율이 흐르고 어떻게 표현하지 못할 짜릿한 느낌이 오면 그것이 예배이고 그것을 통해서 일주일을 살아가는 것이 예배입니까? 찬송을 부르는데 속에서 막 무엇인가가 솟아올라오고 주체하지 못할 감정에 휩싸이는 것이 찬송이라고 생각하십니까? 우리가 지금 이 시내산 아래에서 일어난 이스라엘의 범죄를 계속해서 살피는 이유가 무엇이라고 생각하십니까? 그런 방식의 예배와 찬송과 기도가 돼서는 안 되기 때문입니다. 이스라엘의 범죄는 오늘 우리도 똑같이 저지를 수 있는 범죄이고 또 저지르고 있는 범죄입니다. 영화 같은 인생을 살려고 하지 마시고, 영화 같은 예배를 드리지 마시기 바랍니다. 콘서트 같은 찬송을 하지 마시기 바랍니다. 왜냐하면 그런 것들은 인간에 의한 인간을 위한 예배이고 노래이기 때문입니다.

레위인들이 3천 명을 죽였습니다. 그것은 무엇을 말하는 것입니까? 어느 누구도 예외가 없다는 뜻입니다. 무엇으로 예외가 없다는 것입니까? 인간이 죄인이라는 것에 예외가 없다는 것입니다. 3천 명만 죄 지은 것이 아니라 이스라엘 백성 모두가 가담을 했습니다. 사도행전에서 이 이스라엘 백성들의 광야교회라고 했습니다.

시내산에서 말하던 그 천사와 및 우리 조상들과 함께 광야 교회에 있었고 또 생명의 도를 받아 우리에게 주던 자가 이 사람이라(행 7:38)

이 광야교회 전체가 여호와 하나님을 저버리고 이방의 우상을 만들고 죄악을 범했습니다. 우리는 착각하지 말아야 합니다. '우리 교회는 개혁주의 교회니까 우리는 그런 죄를 안 짓는다.' 그렇게 생각하지 말아야 합니다. 그 생각만큼 무서운 것이 없습니다.

우리는 알게 모르게 이스라엘이 범죄한 것처럼 죄를 짓고 살아가는 죄인입니다. 그것을 인정해야 합니다. 설교 한 편 듣고 감동받았다고 해서 인생은 달라지지 않습니다. 우리는 끊임없이 설교를 듣고 또 들어야 합니다. 그러나 그 설교를 들었다고 해서 '나는 너희들과 달라' 그렇게 생각하면 큰 오해입니다.

남들이 안 읽는 경건 서적을 읽는다고 해서 '나는 이 정도는 돼' 그렇게 생각하면 착각하는 것입니다. 꼭 설교만 그렇습니까? 꼭 책을 읽는 것만 그렇습니까? 사는 것도 마찬가지입니다. 너나 나나 똑같은 죄인이라는 것을 인정하지 않고 살면 엉뚱한 길로 가게 됩니다. 잊지 마시기 바랍니다. 3천 명을 죽였다는 것은 모든 인간이 심판을 받아야 한다는 뜻입니다. 왜냐하면 모든 인간이 죄인이기 때문입니다.

레위인들, 그 3천 명을 죽인 레위인들을 생각하면 우리는 어떻게 해야 할까요? 이것이 정말 중요한 것입니다. 우리는 이 시대의 이런 인간 중심의 예배와 찬송과 신비주의 영성에 물든 영성과 기도를 보면서 우리는 어떻게 해야 합니까? 하나님께서는 우리가 어떻게 하기를 원하십니까? 그 옛날 레위인들처럼 우리도 칼을 차고 형제를 죽여야 합니까? 성경은 그렇게 말하지 않습니다. 아니면 어떤 개혁주의자들처럼 이 세상을 변화시켜야 한다고 하면서 정치에 뛰어들고 사회구조를 바꾸는 데 일조해야 합니까? 그렇다고 교회와 세상을 분리하고 담을 쌓자는 이분법적 사고로 가자는 것이 아닙니다.

오늘날 어떤 사람들은 기독교의 윤리적 타락을 보면서, 윤리 교육을 해야 한다고 말하기도 합니다. 과연 그 말이 옳은 말입니까? 한편으로는 옳아 보입니다. 그러면 그 죄를 지은 본인에게 가서 물어보십시오. '그게 죄인 줄 모르셨습니까?', '그것이 윤리적으로 죄악인 줄 모르셨습니까?' 그러면 그분이 뭐라고 답하겠습까? 그분이 윤리적으로 죄인 줄 몰라서 그런 죄를 지었습니까? 그것이 죄인 것을 모르는 사람들이 있습니까? 아닙니다.

문제는 무엇입니까? 알아도 죄를 짓더라는 것입니다. 그것이 인간입니다. 알면 더 교묘하게 죄를 짓는 것이 인간입니다. 몰라서 죄를 짓는 것이 아니라 죄인이기 때문에 죄를 짓는 것입니다. 그것이 성경이 말하는 원죄론이고 인간론입니다.

그러면 우리는 어떻게 해야 합니까?

첫째로, 교회는 언제나 개혁되어 가야 합니다.

예배부터가 달라져야 합니다. 하나님께서 영광 받으시는 예배가 되어야 합니다. 그렇게 되려면 하나님께서 말씀하신 그대로 강단에서 말씀이 선포되어야 합니다. 그리고 성도들도 그 말씀을 하나님의 말씀으로 받아야 합니다. 말씀을 전하는 목사를 스타로 생각하지 마시기 바랍니다.

목사는 꼭 잘난 사람이 목사가 되는 것이 아닙니다. 설교를 들을 때 심장을 뛰게 하는 설교를 들으려고 하지 마시기 바랍니다. 그렇게 대단하신 목사님들도 계십니다. 그러나, 대개는 평범합니다. 평범하다는 것이 나쁘다거나 잘못되었다는 말이 아닙니다. 일반적으로 목사님들은 말씀 전하려고 기도하고 연구하고 그리고 설교를 합니다.

하나님께서 어떻게 우리를 연단해 가십니까? 나보다 잘나고 똑똑한 목사를 세워서 언약 백성답게 만드는 것이 아닙니다. '저 정도면 나도 설교하겠다.' 그런 목사를 세워서 나를 훈련해 가십니다. 왜 그렇게 하십니까? 사람이 아니라 하나님의 말씀만이 증거되기 위해서 그렇게 하십니다. 목사가 증거되는 것이 아니라 하나님이 증거되기 위해서 그렇게 하십니다. 그것이 싫으면 잘못된 길로 가고 있는 것입니다.

이것을 잊지 마시기 바랍니다. 감동을 받으려고 예배에 오지 마시기 바랍니다. 카타르시스를 느끼기 위해 설교를 듣지 마시기 바랍니다. '하나님이 누구신가?' '하나님께서 무엇을 말씀하시는가?' 그것만 생각하시기 바랍니다. 그렇게 할 때 바른 감동이 있습니다. 없을 수도 있습니다. 왜냐하면 바른 감동은 우리로 하여금 정신을 차리게 하는 감동이기 때문입니다. 우리를 회개케 하고 피 묻은 십자가 복음으로 향하게 하고 이 언약에 신실하게 하는 것이 감동이기 때문입니다.

우리의 감성을 채워주는 감동은 가짜일 가능성이 많습니다. 우리로 예수 그리스도의 십자가 복음에 그 구원에 이 언약에 생명을 걸게 하는 것이 진짜 감동입니다. 그래야 우리가 진짜로 사는 것입니다. 그래야 예수 그리스도 안에서 참되고 영원한 의미와 통일성을 누리고 살게 됩니다.

두 번째로, 이 땅의 교회들을 위해서 기도해야 합니다.
사도 바울이 로마서에서 이렇게 말합니다.

> 30 형제들아 내가 우리 주 예수 그리스도로 말미암고 성령의 사랑으로 말미암아 너희를 권하노니 너희 기도에 나와 힘을 같이하여 나를 위하여 하나님께 빌어 31 나로 유대에 순종치 아니하는 자들에게서 구원을 받게 하고 또 예루살렘에 대한 나의 섬기는 일을 성도들이 받음직하게 하고 32 나로 하나님의 뜻을 좇아 기쁨으로 너희에게 나아가 너희와 함께 편히 쉬게 하라 33 평강의 하나님께서 너희 모든 사람과 함께 계실지어다 아멘(롬 15:30-33)

로마의 교회에게 부탁했습니다. 사도 바울이 감당하는 선교와 사역에 하나님께서 역사하시기를 기도해 달라고 했습니다. 우리는 이

나라의 교회들을 위해 기도해야 하고, 우리가 다니고 있는 이 교회를 위해 기도를 해야 합니다. 무릎을 꿇어야 합니다. 하나님의 말씀만으로 가는 교회가 되도록 기도해야 합니다. 혼합주의에 빠져 있는 줄도 모르는 교회들을 위해서 기도해야 합니다. 신비주의 영성에 물들어 가는 교회들을 위해서 기도해야 합니다.

'나만 아니면 돼' 그래서는 안 됩니다. 특히 목회자들을 위해서 기도해야 합니다. 하나님의 말씀인 성경만으로 목회하는 분들이 더 많이 일어나도록 기도해야 합니다. 가는 길을 멈추고 '아, 이 길이 아니구나'하고 돌아서도록 기도해야 합니다. 성도들을 위해 기도해야 합니다. 현실의 필요 때문에 잘못된 길로 가지 않도록 기도해야 합니다. 이 시대를 생각하고 교회들을 위해 목회자들을 위해 성도들을 위해 기도한다고 우리는 남다르다고 생각하지 마시기 바랍니다.

우리도 무엇인가 잘못되었을 수도 있습니다. 우리도 점점 더 개혁되어 가도록 기도해야 합니다. 지금보다 더 정신을 차리고 지금보다 더 엎드리고 살아가야 합니다. 말씀대로 살기 위하여 우리의 죄악 된 옛사람을 버리고 예수 그리스도께서 부르신 그 부르심의 상을 바라보고 달려가야 합니다.

세 번째로, 레위인이 제사장으로 역할을 감당하게 되었듯이, 우리도 우리의 역할을 감당해야 합니다. 29절을 보시기 바랍니다.

> 모세가 이르되 각 사람이 그 아들과 그 형제를 쳤으니 오늘날 여호와께 헌신하게 되었느니라 그가 오늘날 너희에게 복을 내리시리라

레위인들은 자기의 형제와 친구와 이웃을 3천 명이나 죽였습니다. 그리고 그들은 여호와의 제사장으로 섬기게 되었습니다. 한 지파가 구별되었습니다. 왜 그들이 필요했습니까? 저 레위인들을 볼 때마다 시내산 아래의 범죄를 기억하는 것입니다. '3천 명이 죽고 저 사람들이 구별되었구나' 그것을 확인하고 또 확인하는 것입니다.

그 레위인들에게 두 가지 중요한 책무가 주어지게 됩니다. 첫째는 하나님의 말씀을 가르치는 것이고 둘째는, 제사를 온전히 드리는 직무를 감당하는 것입니다. 이스라엘이 다시는 그런 죄에 빠지지 않도록 가르치고 하나님만 섬기고 예배하도록 가르치는 일을 했습니다. 그리고 참되게 하나님을 예배하고 영광 돌리도록 가르치고 예배의 직무를 감당했습니다. 머릿속에는 항상 무엇이 있습니까? 그 시내산 아래에서 3천 명이 죽었고 그 피 흘림이 있습니다.

다 목사가 되고 다 교사가 되어라는 것이 아닙니다. 그러나, 우리는 다 말씀에 능한 자들이 되어야 합니다. 우리가 처한 자리가 달라도 하나님을 예배하고 그 말씀으로 살아가는 일에는 죽도록 충성해야 합니다. 왜 예수님을 믿어야 하는지, 왜 다른 종교는 안 되는지 분명하게 말하고 가르쳐야 합니다. 입 다물고 있는 것이 존경받는 일이 아닙니다. 그렇다고 생각 없이 말하라는 것이 아닙니다.

청교도들을 보십시오. 조용하게 살아간 청교도가 있었습니까? 그들은 조용할 수가 없었습니다. 그들은 생명의 위협을 받았고 생활비도 없이 쫓겨나고 감옥에 갇히고 고독하고 힘들게 살았습니다.

그러나, 그들은 기독교 신앙을 지키기 위해 죽기 살기로 설교하고 책을 쓰고 기도하며 싸워갔습니다. '내가 말한다고 세상이 달라지나' 그 생각은 잘못된 것입니다. 그 생각으로 살면 당장에 우리의 자녀들이 잘못된 길로 나가게 됩니다. '알아서 하겠지' 아닙니다. 알아서 안 합니다. 세상은 죄악으로 가득 차 있습니다. 가르쳐야 합니다. 기도해야 합니다. 함께 가정에서 예배해야 합니다. 그것이 우리 각자가 감당해야 할 일입니다.

레위인이 3천 명의 죽음을 생각하고 자기 직분을 감당해 가듯이, 우리는 예수 그리스도께서 우리 대신 십자가에 죽으심으로 여기 이렇게 믿음으로 살아가고 있다는 것을 기억해야 합니다. 우리가 사는 것은 그냥 하루 세 끼 밥 챙겨 먹고 오늘도 무사히 하루를 지낸 것으로 만족하고 살기 위해서가 아닙니다.

우리 각자가 예수 그리스도의 피 묻은 복음에 바르게 서야 하며, 우리의 자녀들과 우리의 교회가 혼합주의를 막아내고 진리대로 살고 진리대로 사랑하며 살아가야 합니다. 그 일을 위해 예수 그리스도께서 십자가에 피 흘려 죽으셨습니다. 우리가 이 자리에 있도록 주 예수 그리스도께서 부활하셨습니다. 우리 주님 오실 때까지 이 사명 감당하다가 죽도록 충성하다가 하나님의 나라에 들어가시기 바랍니다.

여호와께로 올라가노니 1

30 이튿날 모세가 백성에게 이르되 너희가 큰 죄를 범하였도다 내가 이제 여호와께로 올라가노니 혹 너희의 죄를 속할까 하노라 하고 31 여호와께로 다시 나아가 여짜오되 슬프도소이다 이 백성이 자기들을 위하여 금신을 만들었사오니 큰 죄를 범하였나이다 32 그러나 합의하시면 이제 그들의 죄를 사하시옵소서 그렇지 않사오면 원컨대 주의 기록하신 책에서 내 이름을 지워버려 주옵소서 33 여호와께서 모세에게 이르시되 누구든지 내게 범죄하면 그는 내가 내 책에서 지워버리리라 34 이제 가서 내가 네게 말한 곳으로 백성을 인도하라 내 사자가 네 앞서 가리라 그러나 내가 보응할 날에는 그들의 죄를 보응하리라 35 여호와께서 백성을 치시니 이는 그들이 아론의 만든바 그 송아지를 만들었음이더라(출 32:30-35)

하나님께서는 이스라엘 백성의 죄악을 심판하시고 레위인을 구별되어 세우셨습니다. 이스라엘의 상황은 순식간에 바뀌었습니다. 3천 명이나 되는 사람들이 죄의 심판을 받고 죽었습니다. 모세는 이런 이스라엘 백성들을 품고 다시 여호와 하나님께 올라갑니다. 모세의 이런 모습은 참된 올바른 영적 지도자의 모습을 보여주고 있습니다. 그것은 아론과 대조가 됩니다. 아론은 이스라엘 백성들의 영적 타락에 대해 분명한 자세로 그들을 이끌지 못했습니다. 오히려 그들에게 금을 가져오게 해서 금송아지를 만들고 음란한 축제로 죄를 지었습니다. 이스라엘 백성들은 아직 여호와 하나님에 대한 신앙이 어리고 부족했습니다. 그들이 인간적이고 종교적인 요구를 하면서 저 애굽의 신들을 섬기는 형태와 같은 것들을 요구했을 때, 아론은 단호히 거부하고 여호와 하나님만 섬기라고 선포했어야 했습니다. 그러나, 아론은 그렇게 하지 않고 이스라엘의 요구대로 금송아지를 만들었고 우상을 섬기며 죄악을 범했습니다.

우리는 이런 것들을 다 품고 모세는 여호와께 올라갑니다. 이것이 이스라엘 백성을 인도해 가는 지도자 모세의 모습입니다. 그리고 이것은 예수 그리스도께서 어떻게 우리를 위한 중보의 직분을 감당하시는가를 보여주는 그림자입니다. 이스라엘 모든 사람이 죄를 지었지만 3천 명만 죽임을 당했습니다. 죄를 지었으면 다 죽어야 하는데, 하나님께서는 그렇게 하시지 않으셨습니다. 그것은 첫 돌판을 깨트리고 다시 시내산에 올라갔을 때 말씀하신 여호와 하나님의 성품 때문에 그렇게 하셨습니다.

여호와께서 그의 앞으로 지나시며 반포하시되 여호와로라 여호와로라 자비롭고 은혜롭고 노하기를 더디하고 인자와 진실이 많은 하나님이로라(출 34:6)

죄로 인해서 다 죽어야 하는데, 그렇게 다 죽이지 않고 살려 주셨습니다. 그러나, 3천 명이 죽고 끝날 일이 아니기 때문에 모세는 이 백성들을 품고 여호와 하나님께 나아갑니다.

어떻게 모세는 이 백성들을 품고 그렇게 여호와 하나님께 올라갈 수 있었습니까? 자기들 욕심대로 죄악을 행하고 여호와를 저버린 사람들인데 어떻게 모세가 그럴 수 있습니까? 이해타산으로 생각하면 그렇게 못합니다. 애쓰고 노력한 보람도 없는 사람들, 여호와의 말씀보다는 자기들의 욕망을 따라 살아가는 사람들, 그런 사람들에게 무슨 미련이 있겠습니까?

언약 신앙이 아니라면 뒤를 돌아볼 필요도 없습니다. 왜 그렇습니까? 아무리 이것이 여호와께서 말씀하신 것이라고 소리쳐도 자기들 하고 싶은 대로 하고 살기 때문입니다. 그것이 얼마나 사람의 힘들게 하는 일인지 모릅니다. 사람을 지키게 하고 힘 빠지게 합니다.

우리는 이런 일들을 생각하면서 사람들이 가지는 죄의 보편성을 생각해야만 합니다. 첫 사람 아담의 타락 이후로 태어나는 모든 인간은 그 첫 사람 아담의 죄가 전가되어져 있습니다. 어느 누구도 이런 죄에 대해서 피해갈 수가 없습니다. 저 이스라엘 백성들만 저런 죄를 짓는 것이 아니라 우리도 그런 죄에 빠질 때가 있고 또 언제든지 우리를 그런 죄에 빠지도록 미혹해 오고 있습니다.

그런 죄에 빠지는 실제적인 것들이 무엇이겠습니까? 그것은 종교성입니다. 현대교회에서, '종교성을 제하고 오로지 성경만으로 가겠다.' 그러면 교회가 움직여지겠습니까? 사람들은 성경적인 교회를 찾습니다. 성경적인 설교, 성경적인 목사를 찾습니다.

그러나 과연 그렇습니까? 조금만 성경대로 가려고 하면, 사람들은 쉽게 이렇게 말합니다. '왜 목사님은 그런 걸 안 하십니까?' '왜 목사님은 그렇게 하십니까?' 이렇게 두 가지로 말합니다. 사람들이 그렇게 말하는 것은 자신들이 자라오면서 그런 교회적 습관에 길들어져 있기 때문입니다.

성찬을 자주 시행하면, '왜 목사님은 자주 성찬하십니까?' '다른 교회는 자주 성찬 안 하는데 목사님은 뭘 그리 별나게 하십니까?' 그렇게 싫어하며 거부합니다. 별난 것은 하나도 없습니다. 예수님께서 성찬을 하라고 하셨으니까 하는 것이고, 주님께서 다시 오실 그때까지 그리스도의 죽음과 고난을 기억하며 또 영적으로 실제적인 교제를 하고 그로 인해서 예수 그리스도로부터 생명력을 부여받기 때문에 성찬을 하는 것입니다.

진짜 성경대로 전하는 설교, 그렇게 성경대로 설교하는 목사가 설교하면 그대로 따라가겠습니까? 처음에는 그러는 듯합니다. 그러나 사람들은 자기를 알아주기를 바랍니다. 목사가 헌금자 이름을 불러주고 기도해 주기를 원합니다. 그러면 사람들이 더 헌금도 많이 하고, 그 헌금을 바치는 사람도 마음이 좋아할 것이라고 생각합니다.

헌금을 하는 사람도 마찬가지입니다. 내가 만원 헌금할 때 목사가 기도를 해 줘도 상관없고 안 해줘도 상관이 없습니다. 그러나, 내가 헌금을 백만 원을 했는데, 목사가 이름도 안 불러주고 기도도 안 해 줬다면 어떻게 되겠습니까? '섭섭병'에 걸립니다. '여기만 교회인가?'라고 말하면서 다른 교회로 가버립니다.

그것뿐이겠습니까? 내가 만원 헌금했을 때는 하나님께서 기도를 들어 주셔도 그만 안 들어주셔도 그만이라 생각합니다. 그러나, 헌금을 십만 원을 하고 백만 원을 했는데도 기도를 안 들어주시고 힘들기는 매 한 가지더라. 그러면 사람들은 그 원망을 목사에게 쏟아내고 화풀이를 합니다.

교회에 무엇을 하러 오십니까? 봉사를 왜 하십니까? 예수님은 왜 믿습니까? 다른 데 가느니 교회 오면 더 복을 많이 받을 거 같습니까? 이왕 온 거 헌금 좀 더 하고 봉사 좀 더 하면 우리 자식 더 잘 될까 봐서입니까? 아닙니다. 교회는 그런 거 하고 무슨 상관이 있는 곳이 아닙니다.

종교성은 인간의 주체성이 허무해질 때 발휘됩니다. 내 나름대로 열심히 사는 것보다 예수님을 믿고 살면 더 잘 될 거라는 생각이 그런 것입니다. 그게 부서져야 합니다. 성경적인 교회는 나부터 달라져야 합니다. 내가 가진 엉뚱한 열심과 보상 심리, 그 속에 깊이 베어 있는 종교성이 사라져야 합니다. 인간의 열심히 무엇을 만들어 내어 보겠다는 것이 종교성입니다. 그 죄악이 이스라엘 백성들에게 있었고 지금 우리들에게도 있습니다. 한국 교회의 성도들은 특히 이런 종교성이 심각하게 오염이 되어 있습니다.

이스라엘이 금송아지로 간 것은 종교적 도약으로 가는 사례를 보여준 것입니다. 우리의 열심으로 하나님과 만나게 될 것이라고 생각하는 그것이 신앙의 도약입니다. 그것을 요즘 말로 하면 '주체적 결단'이라 합니다. 하나님께서 우리에게 오셔서 구원하시고 언약을 맺으시고 거룩하게 하시는 것이 아니라, 우리가 결단하고 열심을 부려서 하나님을 만나고 붙들고 가는 것입니다. 그것이 도약입니다. 그것이 키르케고르의 도약이고 그것이 니체의 도약입니다. 그래서 금송아지가 무서운 것입니다. 그래서 3천 명이 죽었습니다.

잘 보십시오. 이스라엘 백성은 종교적 도약으로 금송아지로 나갔습니다. 그 금송아지를 보고 무엇이라고 했습니까? 32장 4절에서, "이는 너희를 애굽 땅에서 인도하여 낸 너희의 신이로다" 아론이 그랬습니다. 그런데, 거기에 하나님의 교훈이 있습니다.

무슨 교훈입니까? 우리는 이것을 볼 줄 알아야 합니다. '이 시내산 아래에서 일어나는 일들은 무엇을 보여주느냐?' 하면, 인간들이 세상을 만들어 가고 자기 열심으로 종교적 도약으로 인간 내면의 허탈함을 이겨가는 것이 아니라는 것입니다.

그러면 무엇입니까? 여호와 하나님께서 이 세계와 우주를 창조하셨고, 그 만물을 다스려 나가시는데, 특히 자기 백성들을 구원해 가시는 일에 최고의 열심과 사랑으로 개입하고 계신다는 것입니다. 그것이 없으면 모세는 올라갈 필요가 없습니다.

이스라엘이 애굽에서 배운 것과는 너무나도 다른 것입니다. 여호와 하나님께서는 이 금송아지 사건으로 신앙의 도약이 아니라 참되고 살아계신 여호와 하나님의 임재를 확실하게 경험하게 함으로 오직 여호와 하나님만 섬기고 살아가게 하십니다.

그러나 우리가 오해하지 말아야 할 일이 있습니다. '여호와 하나님께서는 하나님의 그 섭리하심과 주도하심을 어떻게 나타내시기를 원하셨는가?' 하는 것입니다. 지난주에 보았듯이, 그것은 레위인들을 통해서 그렇게 하셨습니다.

어떻게 하셨습니까? 여호와의 율법을 가르치고, 제사의 직무를 감당함으로 그렇게 하셨습니다. 하나님의 살아계심을 초월적인 간섭으로 하지 않으시고 말씀에 복종함으로 여호와 하나님을 두려워하게 하셨습니다. 매일 매일 기적적으로 나타나셔서 '아 우리가 하나님을 만났다'라는 그 체험으로 사는 것이 아니라, 여호와 하나님의 그 말씀에 순종하고 항복해서 '여호와가 우리 하나님이시구나', '여호와 하나님께로부터만 생명이 있고 구원이 있구나' 그것을 철저하게 믿고 고백하고 살게 하셨습니다.

다시 잘 생각해야 합니다. 이 시내산 아래에서 범죄한 이스라엘 백성들을 통해서 우리가 무엇을 배워야 하는 것인지를 깊이 생각해야 한다는 것입니다.

무엇을 생각해야 합니까? 인간은 누구나 죄를 짓는다는 것입니다. 그것이 죄의 보편성이라고 했습니다. 그 죄는 하나님 없이 살아가려고 하는 자율성이라고 했습니다. 인간이 스스로 자기 인생을 만들어 가려고 하나님 없는 삶을 살아가려는 것, 그 자율성이 죄라고 했습니다. 그 열심으로 연대를 합니다. 하나로 뭉칩니다.

그런데 그것이 안 됩니다. 무엇이 안 됩니까? 영원한 의미, 영원한 통일성을 못 만들어 냅니다. 내가 누구인지? 나는 왜 살아야 하는지? 나는 어디서 나서 어디로 가는 것인지? 나의 존재감은 어디서 오는지? 거기에 대해 답을 못해 줍니다.

왜 그렇습니까? 인간은 죄인이기 때문에, 인간은 유한하기 때문에 그 대답을 못 줍니다. 그러면 어떻게 됩니까? 사람들이 미쳐 갑니다. 타락하기 시작합니다. 인과율의 세계에 갇히고 인간이 기계로 전락하게 됩니다. 그러면 사람들은 미쳐버립니다. 사는 것이 사는 게 아닙니다. 허탈해집니다.

그래서 무엇을 합니까? 금송아지를 만듭니다. 금송아지는 무엇이라 했습니까? 종교적 도약의 결과물입니다. 왜 종교적 도약으로 갑니까? 인간의 허탈함을 인간의 열심 인간의 운동으로 의미와 통일성을 만들어 내려고 하기 때문입니다. 이 소리가 무슨 소린지 모르면 안 됩니다. 금송아지는 뭡니까? 신이 아닙니다. 가짜입니다.

그러면 왜 만들었습니까? '저것을 신이라고 생각하고 믿으라'는 것입니다. 누가 믿습니까? 인간이 믿습니다. 그걸 주체적 결단이라고 말합니다. 저것이 신이 아닌데 왜 신이라고 합니까? 신이라야 거기에서 영원한 의미와 통일성이 부여되기 때문입니다. 내가 누구인지 내가 말해주면 의미가 없습니다.

그러면 누가 말해주어야 합니까? 하나님께서 말씀해 주셔야 합니다. 그런데 저 사람들은 하나님이 있는 것이 싫습니다. '하나님이 없다'하니 그것도 싫고, '하나님이 있다' 하니 그것도 싫습니다. 없으면 생명을 공급받지 못하고 있다 하면 섭리가 싫습니다. 그래서 어떻게 합니까? 내가 원하는 신을 저기 턱 앉혀 놓고 내가 원하는 것을 내가 만들어 내는 것입니다.

그러면, 하나님의 역사는 무엇입니까? 하나님께서는 어떻게 인간에게 일하십니까? 하나님께서 우리에게 은혜를 베푸십니다. 무슨 은혜입니까? 우리가 죄인임을 깊이 알게 하십니다. 물론 우리는 사람마다 차이가 있습니다. 발버둥을 치고 회개하는 사람도 있지만, 별로 그렇게 대단하게 회개하지 않는 사람들도 있습니다. 인간의 죄임 됨을 알게 하신다는 것은 인간의 무능력을 알게 하시는 것입니다. 그것이 어떻게 됩니까? 은혜로 됩니다. 예수님께서 무엇이라고 하십니까?

귀 있는 자는 들을지어다(마 11:15)

성령님께서 역사하시어서 인간의 마음을 새롭게 하시는 그 사람만 예수님의 말씀을 들을 수가 있습니다. 이것이 은혜입니다. 인간이 노력하고 결단하고 열심을 내어서 만들어 내는 것이 아닙니다. '하나님께서 다 그렇게 하시면 우리는 전도도 안 해도 되고 아무것도 안 해도 되겠네?' 그 말은 틀린 말입니다.

지금 하는 말은 구원의 시작, 구원의 주도권이 어디에서 시작하느냐? 그것을 말하는 것입니다. 하나님께서 다 하십니다. 그런데도 우리보고 전도하라고 하십니다. 하나님께서는 기적으로 사람을 이끌지 아니하시고 우리의 복음 전함을 통해서 이끄시기를 기뻐하시기 때문입니다.

하나님께서 이 죄인들을 심판하시고 레위인을 세우셨다고 했습니다. 하나님께서 초월로 나타나지 않으셔도 저 레위인을 통해서 하나님의 말씀을 전해주어도, '그 말씀을 따라 살아라'고 그렇게 하셨습니다. 누가 그렇게 합니까? 구원을 얻고 언약에 참여한 사람들이 그렇게 할 수 있습니다. 그것이 은혜입니다.

지금은 어떻습니까? 예수님께서 십자가에 죽으시고 부활하심으로 사도들을 통하여 주신 그 말씀을 주심으로 성령 하나님의 역사 가운데 이끌어 가시고 계십니다. 예수님께서 아침부터 저녁까지, '이거 해라 저거 해라' 말씀해 주지 않으시고, 이 성경 말씀대로 살아가게 하십니다. 왜 그렇게 초월로 간섭하지 않으시고, 말씀으로 하십니까? 구원받은 백성들이 자라가야 하기 때문입니다. 하나님을 그저 우리 욕심을 채워주는 심부름꾼이 아니라, 하나님께서 무엇을 원하시는지 그 말씀대로 순종해 가도록 자라가야 하기 때문입니다. 예수님께서 이 땅에 오셔서 고난을 당하시고 하나님의 나라의 복음을 전하셨듯이, 우리도 이 세상살이 가운데서 고난을 당할지라도 이 복음대로 살고 이 복음대로 전하고 살다가 하나님의 나라에 가기를 원하시기 때문입니다.

모세는 종교적 도약으로 만들어 놓은 금송아지 앞에 음란한 축제를 벌인 이스라엘 백성들의 죄를 사하여 주시기를 구하기 위하여 다시 시내산으로 올라갑니다. 이제는 이스라엘 백성들이 참된 신이요 살아계신 신이신 여호와 하나님만을 제대로 섬기고 살아가도록 이스라엘 백성들을 품고 시내산으로 올라갑니다.

모세가 산으로 올라가는 것은 무엇을 의미합니까? 인간은 하나님의 섭리와 역사 속에 살아가고 있다는 것입니다. 인간끼리 아무리 열심을 다해서 연대를 하고 종교적 도약을 해도 그것은 인간 스스로 죽이는 일이라는 것을 말해주는 것입니다. 인간은 스스로 삶의 의미와 통일성을 만들어 내지 못하고 오직 여호와 하나님으로부터만 주어진다는 것을 말해줍니다.

왜 오직 여호와 하나님뿐이십니까? 여호와 우리 하나님은 살아계시고 실제로 존재하시는 하나님이시기 때문입니다. 인간의 자율성을 버리고 오직 살아계신 여호와 하나님만 의지하고 예수 그리스도를 믿는 이 믿음으로 성령 안에 살아가는 성도들이 되시기 바랍니다.

여호와께로 올라가노니 2

30 이튿날 모세가 백성에게 이르되 너희가 큰 죄를 범하였도다 내가 이제 여호와께로 올라가노니 혹 너희의 죄를 속할까 하노라 하고 31 여호와께로 다시 나아가 여짜오되 슬프도소이다 이 백성이 자기들을 위하여 금신을 만들었사오니 큰 죄를 범하였나이다 32 그러나 합의하시면 이제 그들의 죄를 사하시옵소서 그렇지 않사오면 원컨대 주의 기록하신 책에서 내 이름을 지워버려주옵소서 33 여호와께서 모세에게 이르시되 누구든지 내게 범죄하면 그는 내가 내 책에서 지워버리리라 34 이제 가서 내가 네게 말한 곳으로 백성을 인도하라 내 사자가 네 앞서 가리라 그러나 내가 보응할 날에는 그들의 죄를 보응하리라 35 여호와께서 백성을 치시니 이는 그들이 아론의 만든바 그 송아지를 만들었음이더라 (출 32:30-35)

하나님께서는 이스라엘 백성을 심판하시는 모습을 통해 신앙의 도약, 종교적 도약으로 가지 않는 참된 신앙의 모습을 보고 있습니다. 모세가 산에 올라간다는 것은 그런 종교적 도약으로 살아가지 않고 살아계신 하나님께서 구원하시고 언약을 맺으심으로 하나님과 소통하며 하나님의 말씀 속에서 참되고 영원한 의미와 통일성을 누리고 살아간다는 것을 보여주고 있습니다.

오늘 우리가 살펴볼 말씀은 그렇게 자기 백성들과 소통하시는 하나님의 성품에 대한 것입니다. 하나님의 성품은 그 성품 하나로만 말하는 것이 아니고 언약과 함께 말합니다. 하나님의 언약, 하나님의 성품 이렇게 가는 것입니다. 모세가 다시 시내산으로 올라갈 수 있는 이유는 하나님의 언약과 하나님의 성품을 알기 때문입니다. 하나님의 언약에 기초해서 하나님의 성품을 알고 믿고 의지하고 올라갑니다. 하나님은 어떤 분이십니까? 그 조상들과 언약하신 것을 잊지 아니하시고 성취하시는 하나님이십니다. 이스라엘을 구원하신 것은 이스라엘이 남달라서 구원하신 것이 아니었습니다. 그 조상 아브라함과 이삭과 야곱과 언약하셨기 때문입니다.

> 12 해질 때에 아브람이 깊이 잠든 중에 캄캄함이 임하므로 심히 두려워하더니 13 여호와께서 아브람에게 이르시되 너는 정녕히 알라 네 자손이 이방에서 객이 되어 그들을 섬기겠고 그들은 사백 년 동안 네 자손을 괴롭게 하리니 14 그 섬기는 나라를 내가 징치할지며 그 후에 네 자손이 큰 재물을 이끌고 나오리라 15 너는 장수하다가 평안히 조상에게로 돌아가 장사될 것이요 16 네 자손은 사 대만에 이 땅으로 돌아오리니 이는 아모리 족속의 죄악이 아직 관영치 아니함이라 하시더니(창 15:12-16)

우리는 우리의 정서 속에서 언약이라고 하면 별로 잘 와 닿지 않습니다. 우리는 언약을 말하기보다는 열심을 말하고 헌신을 말하면 더 좋아합니다. 언약이라는 말은 목사님이나 신학생들이 사용하는 것이지 우리하고는 별 상관이 없다고 합니다.

성경이 '구약·신약', '옛언약·새언약'이라고 말합니다. 성경 전체는 구원 받은 백성의 언약의 실패와 회복과 완성을 말합니다. 예수님을 믿을 때부터 언약을 배워야 합니다. 언약을 모르니까, 열심히 믿고 열심히 부르짖고 열심히 봉사하고 열심히 헌신하면 그것이 전부인 것처럼 생각합니다. 열심이 잘못된 것도 아니고 부르짖는 것도 잘못된 것 아닙니다. 봉사도 헌신도 잘못된 것이 아닙니다. 그런 것들이 잘못된 기초에서 혼합된 바탕 위에서 시작되기 때문에 하나님께서 원래 원하시는 것들과는 다른 방향으로 가게 됩니다.

언약은 두 당사자 간의 제약 혹은 협정이나 약정을 말합니다. 우리가 '구약이다 신약이다'라고 말하는 것은 '구속언약'을 말합니다. 구속의 언약은 죄인 된 인간의 구원하시는 삼위 하나님 사이의 영원한 작정을 말합니다. 그것이 우리에게 주어지고 일어나는 일이기에 '은혜언약'이라 합니다.

언약은 하나님께서 창조하신 인간과 관계하시는 방식입니다. 이 언약은 하나님께서 인간에게 오셔서 맺으신 약속입니다. 하나님의 백성들은 구원과 언약으로 의미와 통일성이 확보됩니다. 그 약속은 구원하고 언약을 맺는 자들에게 오직 여호와 하나님만 섬기겠다는 의무가 부여되고 요청됩니다.

그리하여 하나님께서는 그들의 하나님이 되시고, 그들은 하나님의 백성이 됩니다. 여호와 하나님께서는 그 언약하심으로 언약 체결자가 자기 백성 됨을 온 우주에 나타내시고, 하나님의 거룩한 교제에 참예케 하십니다. 그리하여 언약은 하나님의 백성을 지키는 울타리가 됩니다.

그러면, 구속 언약이 삼위 하나님의 영원한 작정이라면, 작정이 무엇입니까? 소교리문답 제7문에 보면 이렇게 나옵니다.

제7문 하나님의 작정들은 무엇입니까?(대12)
답: 하나님의 작정들은 자기 뜻의 협의를 따라 정하신 영원한 목적인데, 그것으로써 하나님께서는 일어날 모든 일들을 자기 영광을 위하여 예정하셨습니다.

작정이란 하나님의 뜻을 따라 정하신 영원한 목적이라 했습니다. 이 말이 의도하는 것은 세상이 우연히 돌아가는 것이 아니라, 인간 밖에서 인간에게 섭리하시는 존재가 계시는데, 성경은, '그분이 하나님이시다'라고 말합니다. 그 하나님께서 주도면밀하게 창세 전에 계획하신 대로 그 지으신 모든 세계에 실행해 가십니다.

하나님의 작정은 하나님의 절대주권을 말합니다. 하나님의 주권이란 하나님의 통치·지배를 말합니다. 인간이 세운 계획은 자주 변경이 되지만, 하나님은 무한하신 능력으로 모든 일을 인도해 가시기 때문에 예기치 못한 일이 발생하지 않습니다.[18] 하나님의 계획이 영원히 변함이 없는 이유는 하나님의 목적이 변함이 없으시기 때문입니다.

그 목적이란 무엇입니까? 모든 만물이 하나님을 인정하는 것입니다.

> 대저 물이 바다를 덮음 같이 여호와의 영광을 인정하는 것이 세상에 가득하리라(합 2:14)

이 말씀은 메시아의 왕국에 대한 소망을 말합니다.[19] 그 메시아 왕국은 모든 사람이 여호와의 위력과 위엄을 알게 되고, 하나님을 아는 지식이 온 땅에 가득하게 되는 나라입니다.[20] 온 우주는 하나님의 다스리심 속에 하나님의 영광을 위하여 달리고 있습니다.

작정이란 하나님께서 하나님의 영광을 위하여 앞으로 발생케 될 모든 사건을 미리 정하신 그의 영원하신 계획이나 목적입니다.[21]

---

18) 10 비와 눈이 하늘에서 내려서는 다시 그리로 가지 않고 토지를 적시어서 싹이 나게 하며 열매가 맺게 하여 파종하는 자에게 종자를 주며 먹는 자에게 양식을 줌과 같이 11 내 입에서 나가는 말도 헛되이 내게로 돌아오지 아니하고 나의 뜻을 이루며 나의 명하여 보낸 일에 형통하리라(사 55:10-11)
19) 6 내가 나의 왕을 내 거룩한 산 시온에 세웠다 하시리로다 7 내가 영을 전하노라 여호와께서 내게 이르시되 너는 내 아들이라 오늘날 내가 너를 낳았도다 8 내게 구하라 내가 열방을 유업으로 주리니 네 소유가 땅끝까지 이르리로다(시 2:6-8)
20) 여호와의 영광이 나타나고 모든 육체가 그것을 함께 보리라 대저 여호와의 입이 말씀하셨느니라(사 40:5)
21) 6 해 뜨는 곳에서든지 지는 곳에서든지 나 밖에 다른 이가 없는 줄을 무리로 알게 하리라 나는 여호

작정을 말하면 예정을 말해야 합니다. 작정이 하나님께서 정하신 영원한 목적이라면, 예정이란 인간의 구원과 관련하여 하나님께서 계획하시고 실행하시는 것입니다. 구체적으로 말하면, 선택자와 유기자(버림받은 자)에 대한 하나님의 작정입니다.[22]

작정과 예정을 말하면서 우리가 되새겨야 할 것은 '우연과 계획'입니다. '하나님의 작정이 있다', '하나님의 예정이 있다'는 것은 세상이 말하는 것과 완전히 다르기 때문입니다.

세상은 어떻게 말합니까? 이 세상과 인간이 우연히 만들어졌다고 말합니다. 그러나, 성경은 이 세상도 인간도 하나님께서 창조하셨다고 말합니다. 그 창조는 저 완성을 지향하고 있는데, 그것은 우리 밖에서 우리를 이끌어 가고 계시는 존재가 있다. 그분이 하나님이시다 그렇게 성경은 가르쳐 주고 있습니다. 우연히 내가 만들어졌다고 생각하면 인간이 어떻게 살아가게 되느냐 하면, 돈을 벌어야지 그럽니다. 자기 마음대로 하고 삽니다. 그런 것들을 자율성, 주체성, 단독성이라고 합니다. 그렇게 자율성으로 살아보니까 안 됩니다. '내 주먹을 믿고 살 거다.' 그렇게 큰소리를 쳤는데, 그 주먹이 웁니다. 주먹으로 안 되기 때문입니다. 그래서 도약이 일어난다고 했습니다. 그것이 인간들만의 일이 아니라 사탄이 사람들의 마음을 미혹해서 하나님 없는 불의하고 악한 마음으로 살아가게 만듭니다.

와라 다른 이가 없느니라 7 나는 빛도 짓고 어두움도 창조하며 나는 평안도 짓고 환난도 창조하나니 나는 여호와라 이 모든 일을 행하는 자니라 하였노라(사 45:6-7)

22) 루이스 **벌코프, 벌코프조직신학(상)**, 권수경·이상원 역 (서울: 크리스챤다이제스트, 1993), 311. "예정은 그의 모든 도덕적 피조물들에 대한 하나님의 목적을 표시한다. 그러나 대개는 하나님의 주권적 선택과 의로운 유기를 말하는, 타락한 인간에 관한 하나님의 '경륜'을 나타낸다."

그러면 예수님을 믿는 성도 된 우리는 무엇입니까?

그렇게 내 맘대로, 주체성을 부르짖고 자율성으로 살아갔는데 어느 날 성령님께서 우리 마음에 역사해서 죄인 됨을 알게 되고 예수 그리스도를 믿어 하나님의 백성이 된 사람들입니다. 이 구원에 있어서는 우리가 하는 일이 없습니다. 그러나 그 구원으로 끝내고 천국으로 바로 인도하시는 것이 아니라 이 세상에 더 살게 하십니다. 왜 그렇게 하시는지 그것은 전적으로 하나님의 뜻입니다. 이 세상에 더 살게 하시면서 하나님의 백성답게 만들어 가십니다.

'사람을 만든다' 그러면 세상은 자기 수양입니다. 군자가 되는 길은 무엇입니까? 먼저, 공자는 '군자는 어떤 사람인가?'를, 첫째로, 군자는 '경(敬)'으로써 자기 수양을 하는 사람이라 말합니다. '경'은 집중하는 마음 수양법이며, 현대적으로 말하자면 명상을 뜻합니다. 명상으로 마음을 수양하는 자가 군자입니다.

둘째로, 배움을 통해 사람을 아는 지자(知者), 실천으로 사람을 아끼고 사랑하는 인자(仁者)도 군자인데, 그렇게 하기 위해 학습하는 사람도 군자입니다. 먼저는 명상해서 마음을 수양하고 배움으로 또 자기를 만들어 가는 것이 군자입니다. 유학에서 군자는 다양한 개념으로 사용되지만, 그것은 대체로 다음 세 가지로 나누어집니다. 1) 사람다운 사람, 성숙 된 인격자 2) 사람다운 사람이 되고자 학습하는 사람 3) 리더 또는 리더의 자격이 있는 사람이라 합니다.

결국, '공부 열심히 하고 명상하고 수양해라 그렇게 하고 있는 사람이 군자이고 그것을 이룬 사람이 군자니라' 그렇게 말합니다.[23] 이런 모든 명상, 수양, 학습이 왜 가능하다고 말합니까? '인간이 하

---

23) http://kleader.org/bbs/board.php?bo_table=essay&wr_id=187 손기원 대표(지혜경영연구소) 군자도 경쟁을 하는가?

늘의 심성을 가지고 있다'고 믿기 때문입니다. 그것이 바로 유학이 가지는 '신성한 내면아이'입니다.

예수 그리스도의 십자가 피로써 구원을 받은 우리는 이런 군자와 무엇이 다릅니까? 설교 중에 공자·맹자를 말해도 된다는 것이 아닙니다. 유학이 말하는 공자·맹자가 말하는 그 기초가 인간의 내면에 하늘의 심성이 있다는 것으로 시작합니다. 인간이 스스로 수양하고 공부해서 만들어 갈 수 있는 근거가 인간 안에 이미 있다는 것입니다. 그래서 자기 수양, 자기 학습으로 군자가 됩니다. 군자이고 군자가 되어가고 있고 군자가 된다는 것입니다. 불교로 말하자면, 부처이고 부처가 되어가고 부처가 된다는 것입니다. 언제나 존재론이 삶을 지배합니다.

그러나 우리는 완전히 다릅니다. 무엇이 다릅니까? '인간은 그런 하늘의 심성이 없다'는 것입니다. 그러면 무엇입니까? 인간은 죄인입니다. 하나님께서 죄인을 구원하십니다. 우리가 무엇을 행해서 그것이 조건이 되어서 구원을 받는 것이 아닙니다. 그러나, 구원 이후에 하나님께서 그냥 두지 않으십니다. 그냥 두면 완성되지 않은 인간이기에 또 종교적 도약으로 갑니다. 그래서 어떻게 하십니까? 언약을 맺으십니다. 그 언약으로 하나님의 백성으로 살게 하고 엉뚱하게 금송아지를 만들어서 거기에서 의미와 통일성을 만들어 내지 못 하게 하십니다.

그러면 중요한 것은 무엇입니까? 그것은 '구원하신 그 백성들과 언약을 맺으시는 하나님이 어떤 분이시냐?'입니다. 그래서 하나님의 성품이 중요합니다. 만일 그 언약을 맺은 언약 대상자가 폭군이고 독재자이고 그러면 언약을 어떻게 지키게 됩니까? 군대가 무섭고 돈이 무섭고 힘이 권력이 무서워서 하는 수 없이 그 법을 지키게 됩니다. 거기에는 마음의 항복이 없습니다. 마음에서 우러나와서 좋아서 지키는 것이 아닙니다.

그러면 우리는 어떻게 이 언약을 지킵니까? 우리는 구원으로 시작합니다. 이스라엘이 애굽의 바로로부터 구원을 받았듯이, 사탄의 권세로부터 죄와 사망에서 구원을 받았습니다. 이 구원의 은혜는 너무나도 놀라운 것입니다. 이 구원의 가치를 더 높이 더 넓게 더 깊이 더 많이 알아갈수록 우리의 삶은 달라지게 됩니다.

그것은 우리가 하나님 없이 살아가는 삶의 죄악성과 비참함과 절망과 비교되기 때문입니다. 그 비교가 대조가 없으면 이상한 것입니다. 이 구원의 감격이 너무나 크게 때문에 찬송이 나오게 됩니다. 그것은 우리의 마음에 항복을 불러일으킵니다. 그래서 이 언약의 말씀을 지킵니다. 그래서 구원론이 삶을 지배합니다.

전에는, '왜 나만 이렇게 세상에서 고생해야 합니까?' '왜 나만 이렇게 상처를 받아야 합니까?' '내가 뭘 잘못했습니까?' 하고 세상을 원망하고 부모를 원망하고 못난 자신도 원망하고 하나님도 원망하고 살았지만, 예수님의 십자가 은혜를 알고 그 피로 구원받은 것을 믿고 나면 그 모든 아픔도 고난도 상처도 다 해결 받고 믿음으로 살아가게 됩니다. 왜냐하면 참되고 영원한 의미와 통일성이 예수 그리스도로부터 주어졌기 때문입니다.

우리는 어떤 설교를 듣고 싶습니까? 위로의 설교를 듣고 싶어 합니다. 세상 살기 힘들고 어려워서 그렇습니다. 어디 가서 이 힘들고 어려운 마음을 위로받을 수 있겠습니까? 그러나, 위로를 위한 위로 설교는 위로가 되지 않습니다. 그것은 꼭 거짓 선지자들이 '평안하다 평안하다'라고 했던 것이나 마찬가지입니다.

우리가 진정으로 위로가 되기를 원한다면 하이델베르크 교리문답을 기억해야 합니다.

제1문: 사나 죽으나 당신의 유일한 위안은 무엇입니까?
답: 사나 죽으나 나는 나의 것이 아니고 몸과 영혼이 모두 미쁘신 구주 예수 그리스도의 것입니다. 주께서 보배로운 피로 나의 모든 죄 값을 치러주셨고 마귀의 권세로부터 나를 자유케 하셨습니다. 또한 하늘에 계신 아버지의 뜻이 아니고는 나의 머리털 하나도 상하지 않듯이 주는 나를 지켜주십니다. 실로, 이 모든 것이 합력하여 나의 구원을 이룹니다. 내가 주의 것이기에 주께서 성령으로 말미암아 영원한 생명을 보증하시고 나의 온 마음을 다하여 기꺼이 주를 위하여 살게 하십니다. 이것이 나의 유일한 위안입니다.
제2문: 당신이 행복하게 이러한 기쁜 위로 가운데서 살고 죽기 위해서 알아야 할 필요가 있는 것은 무엇입니까?
답: 첫째는 나의 죄와 비참이 얼마나 심각한가, 둘째는 내가 어떻게 나의 모든 죄와 비참으로부터 구원받게 되는가, 셋째는 이런 구원에 대해 내가 하나님께 어떻게 감사해야만 하는가 하는 것입니다.

맞습니다. 우리의 진정한 위로는 예수 그리스도뿐입니다. 그것은 우리가 얼마나 비참한 죄인인가? 그 죄의 비참으로부터 어떻게 구원을 받았는가? 어떻게 그 은혜를 하나님께 감사해야 하는가? 그것을 알아야 진정한 위로가 됩니다. 하나님께로부터 나오는 위로가 아니면 우리의 위로가 될 수 없습니다. 세상은 돈이 위로이고 자식이 위로이고 권력이 위로이지만, 우리를 죄와 사망에서 구원하신 예수 그리스도만이 우리의 위로가 되십니다.

처음부터 하나님의 언약을 말하고 하나님의 성품을 말한다면서 어떻게 여기까지 오게 되었습니까? 하나님은 우리를 언약 안에서 사랑하신다는 것입니다. 하나님의 사랑은 공의로운 사랑입니다. '무작정 사랑한다.' 이런 것은 없습니다. 이스라엘이 지금 죄악을 범했습니다. 심판을 받았습니다. 그리고 모세가 산에 다시 올라갑니다.

왜 올라갈 수 있습니까? 자기 백성을 이 언약 안에서 사랑하시는 것을 알기 때문입니다. 자기 백성들이 죄를 지었다고 해서 아주 멸망시키지 않으시는 것을 알기 때문입니다. 그렇다고 마음 놓고 죄지으라는 것이 아닙니다. 모세는 하나님의 그 마음을 조금은 압니다. 아직 이스라엘은 저 애굽으로부터 바로로부터 구원을 받은 것이 무엇인지 잘 모릅니다.

왜 모세가 저 시내산에 올라가서 하나님과 언약을 맺어야 하는지 모릅니다. 모세가 아는 것만큼 모릅니다. 모세는 이 백성을 품고 하나님께로 다시 갑니다. 하나님께서 이 백성을 사랑하시는 것을 알기 때문입니다. 모세는 이스라엘의 중보자로서 하나님께 나아갔습니다.

우리는 이 모세의 모습을 생각하면서, 참 중보자가 되시는 예수 그리스도께로 나아가야 합니다. 예수 그리스도는 우리의 죄악을 짊어지시고 십자가에 못박혀 죽으셨습니다. 하나님께서 택하신 그 백성을 구원하시기 위해 고난을 받으시고 피 흘려 죽으셨습니다. 부활 승천하신 예수님께서는 지금도 우리를 위하여 중보하고 계십니다. 성부 하나님께서 그리스도의 피로 값 주고 사신 자기 백성을 사랑하시기 때문입니다. 십자가에 못 박혀 죽으시고 우리를 위하여 중보하시는 예수 그리스도를 끝까지 붙드시기 바랍니다. 내 처지와 내 형편을 생각하면 내 상처와 내 한을 생각하면서 거기에 내 인생을 맞추고 살면 더 자기 연민에 쌓여서 헤어나지를 못합니다.

그러나 눈을 들어 예수 그리스도 안에서 성부 하나님께 맞추어야 합니다. 성령님께서 우리 마음에 말씀을 주시고 이 언약의 말씀을 순종하며 살아가는 것은 바로 성부 하나님께로 나아가게 하기 위함입니다. 그것은 중보자 예수 그리스도를 통하여 나아갈 수가 있습니다. 다른 길은 없습니다. 모세가 이스라엘 백성을 알듯이, 예수님께서는 우리를 아십니다. 예수님께서 우리에게 원하시는 것은 우리의 마음입니다. 우리의 돈이 아니라 우리의 마음입니다. 무슨 마음입니까? 어떤 고난과 아픔과 눈물 속에서도 죄와 사망에서 구원하신 예수 그리스도만을 믿고 끝까지 주의 말씀대로 살아가는 그 마음입니다. 우리 주님 오실 때까지, 이 세상 끝날 때까지 우리의 참 중보자가 되신 예수 그리스도를 의지하면서 믿음으로 살아가는 성도들이 되시기 바랍니다.

여호와께로 올라가노니 3

30 이튿날 모세가 백성에게 이르되 너희가 큰 죄를 범하였도다 내가 이제 여호와께로 올라가노니 혹 너희의 죄를 속할까 하노라 하고 31 여호와께로 다시 나아가 여짜오되 슬프도소이다 이 백성이 자기들을 위하여 금신을 만들었사오니 큰 죄를 범하였나이다 32 그러나 합의하시면 이제 그들의 죄를 사하시옵소서 그렇지 않사오면 원컨대 주의 기록하신 책에서 내 이름을 지워버려 주옵소서 33 여호와께서 모세에게 이르시되 누구든지 내게 범죄하면 그는 내가 내 책에서 지워버리리라 34 이제 가서 내가 네게 말한 곳으로 백성을 인도하라 내 사자가 네 앞서 가리라 그러나 내가 보응할 날에는 그들의 죄를 보응하리라 35 여호와께서 백성을 치시니 이는 그들이 아론의 만든바 그 송아지를 만들었음이더라(출 32:30-35)

하나님께서는 이스라엘을 구원하시고 언약하신 하나님이십니다. 그 조상들과 언약하시며 그 언약을 이루시려고 이스라엘을 애굽에서 구원하시고 이 시내산까지 인도하시어 언약하시고 저 약속의 땅 가나안으로 인도해 가십니다. 그 인도해 가시는 과정에서, '하나님의 언약 백성으로서 어떻게 거룩하게 살아갈 것인가?'를 훈련해 가십니다. 그것은 지난날에 애굽의 종교와 습관에서 벗어나는 일이 있어야만 했습니다. 그 종교라는 것이 단순히 인간이 종교를 가졌다는 것이 아니라 인간의 한계와 도약을 나타내는 것입니다. 그것이 다만 시대와 나라와 민족에게 다른 스타일로 나타날 뿐이지 실제로 그 내용은 같은 것입니다. 그것을 잘 말해주는 것이 미르치아

엘리아데의 『샤머니즘』이라는 책입니다.

하나님의 구원하신 백성들이 종교적 도약이 일어나지 않는 것은 첫째로는 하나님께서는 실제로 살아계시는 스스로 존재하시는 하나님이시기 때문입니다. 하나님은 인간이 만들어 낸 신이 아닙니다. 세상의 모든 종교가 말하는 그 신(神)이라는 것은 인간이 자기들의 죄악 된 욕망을 이루기 위해 고안해 낸 형상입니다. 두 번째로, 하나님과 성도 간에는 인격적인 소통이 일어나기 때문에 종교적 도약이 일어나지 않습니다. 그러나 사람이 만든 우상들은 말을 못하기 때문에 소통이 일어나지 않습니다. 그래서 무엇을 합니까? 우상 앞에 가서 내 소원을 말하고 지극 정성을 바쳐서 그것이 어떤 결과를 만들어 내는 방식을 취합니다. 내가 원하는 소원은 있고 저 우상은 말을 안 해 주기에 천 배를 하든지 삼천 배를 하든지 돈을 얼마를 바치든지 그렇게 헌신을 바쳐서 자기가 소원하는 결과를 만들어 내려고 합니다.

그러나, 우리 하나님은 자기 백성들에게 말씀하시는 하나님이시기 때문에 소통이 일어납니다. 그것은 오늘날 현대 기독교인들이 생각하는 방식대로 소통이 이루어지지 않습니다. 안타깝게도, 큐티에 길들여진 많은 분이 하나님의 음성을 직접 들을 수 있고 들어야 한다고 믿고 있습니다. 오늘날 큐티는 신비주의 관상기도와 어울린 관상큐티의 형태를 띠고 있어서 더욱 위험합니다. 하나님께서 자기 백성들에게 소통하는 방식은 이미 계시 된 성경입니다. 그 성경 말씀이 택한 자기 백성에게 효력 있게 적용이 되도록 성령 하나님께서 역사하십니다.

하나님의 초월하시는 역사가 있습니다. 그러나 그것이 이루어지는 방식과 내용은 우리가 헤아릴 수가 없습니다. 내가 왜 여기에 살아가고 있는지 왜 이런 고난과 아픔과 눈물이 많은 인생을 살아가는지, 그것이 왜 하필이면 나인지 우리는 모릅니다. 지난 시간 말씀처럼 하나님의 작정과 예정 속에 이루어지는 일인 것을 믿는 것이 성도입니다. 이 설명할 수 없는 인생을 살아가는 것이 그런 하나님의 계획과 섭리 속에 일어나는 일이 아니라면 우리는 세상 사람들이 살아가는 것처럼 자율성 단독성으로 가야 합니다. 왜냐하면 세상이 우연히 일어나는 일이고 아무런 목적도 없이 돌고 도는 인생이라면 오로지 이 현실이 전부이고 이 현실에서 돈과 권력으로 큰소리치는 것이 전부가 되고 말기 때문입니다.

그러나, 하나님께서는 하나님의 초월하시는 일에 우리가 마음을 두고 그것을 어떻게 조정하고 사는 것이 아니라 하나님께서 이미 말씀해 주신 이 성경 말씀을 순종하며 하나님 안에서 생명력을 누리고 살아가기를 바라십니다. 그렇게 살아가는 언약 백성의 공동체는 거룩해야 합니다. 하나님께서는 이렇게 말씀하십니다.

> 나는 너희의 하나님이 되려고 너희를 애굽 땅에서 인도하여 낸 여호와라 내가 거룩하니 너희도 거룩할지어다(레 11:45)

이 거룩이란 성령론적인 거룩입니다. 성령론적인 거룩이라는 것은 우리가 우리의 거룩을 만들어 내는 것이 아니라 성령 하나님께서 우리를 거룩하게 만들어 가신다는 뜻입니다. 성령 하나님께서 구원받은 성도들의 삶에 섭리하셔서 말씀에 순종함으로 만들어 가는 거룩입니다. 그것은 존재론적인 거룩이 아닙니다. 소위 말하는 신격화, 신인합일이 아닙니다. 우리가 신이 되는 것이 아닙니다. 신비주의 성향을 가진 사람들은 애매모호하게 말합니다. 신인합일도 아닌 듯이 신인합일이라고 말하는 것도 아닌 듯이 말합니다. 그렇게 해서 자신들의 실체를 감춥니다. 왜냐하면 완전히 그렇게 드러내면 교회로부터 배척을 당하기 때문에 자신들은 좀 더 열심이 있고 좀 더 남다른 간절함이 있는 것처럼 보이려고 합니다.

그러나 하나님께서 자기 백성들을 만들어 가시는 거룩은 하나님의 성품을 닮아가는 거룩입니다. 그것은 어떻게 나타납니까? 언약의 신실함으로 나타납니다. 요한일서에 가면 사도 요한이 이렇게 말합니다. 다 같이 요한일서 1장을 찾아서 읽겠습니다. 5절부터 10절까지의 말씀입니다.

> 5 우리가 저에게서 듣고 너희에게 전하는 소식이 이것이니 곧 하나님은 빛이시라 그에게는 어두움이 조금도 없으시니라 6 만일 우리가 하나님과 사귐이 있다 하고 어두운 가운데 행하면 거짓말을 하고 진리를 행치 아니함이거니와 7 저가 빛 가운데 계신 것같이 우리도 빛 가운데 행하면 우리가 서로 사귐이 있고 그 아들 예수의 피가 우리를 모든 죄에서 깨끗하게 하실 것이요 8 만일 우리가 죄 없다 하면 스스로 속이고 또 진리가 우리 속에 있지 아니할 것이요 9 만일 우리가 우리 죄를 자백하면 저는 미쁘시고 의로우사 우리 죄를 사하시며 모든 불의에서 우리를 깨끗케 하실 것이요 10 만일 우리가 범죄하지 아니하였다 하면 하나님을 거짓말하는 자로 만드는 것이니 또한 그의 말씀이 우리 속에 있지 아니하니라(요일 1:5-10)

우리가 '하나님의 자녀다' '하나님의 백성이다' 그러면서 거짓말을 하고 진리를 행치 않는다면 그건 아니라는 것입니다. 그러면 성도는 어떻게 살아야 합니까? 빛 가운데 행하면, 다시 말해서 진리대로 행할 때 서로 사귐이 있습니다. 만일 그 진리대로 행하다가 죄를 지을 때는 어떻게 해야 합니까? 자신이 지은 죄에 대하여 자백하고 회개하면 예수님의 피가 우리를 모든 죄에서 깨끗하게 하십니다. 그것이 성도의 삶입니다.

여기서 중요한 것은 두 가지입니다. 하나는 언약의 신실함이고, 그것이 진리대로 행하는 것입니다. 그리고 두 번째는 그렇게 할 때 교제가 있다고 말합니다. 그것은 소통이 있다는 뜻입니다. 이것은 '언약의 말씀을 지켰다 안 지켰다'로 가는 것만이 아닙니다. 이렇게 말한다고 해서 지킬 것 안 지켜도 된다는 것이 아닙니다. 언약의 말씀을 당연히 지켜야 합니다. '그 말씀을 지키는 것이 어디에서 나오는가?' 그것이 중요합니다. 그 언약에 대한 순종은 하나님만 의지하는 그 항복 된 마음에서 나옵니다. 그 항복 된 마음으로 언약을 지킵니다. 그래야 인격과 삶이 따뜻해집니다.

구원을 얻었으나, 마음 깊이 항복 된 마음이 우러나는 것은 쉬운 일이 아닙니다. 그것이 무슨 개인마다 수준이 있고 능력이 다르다는 것이 아니라, 성령 하나님께서 우리를 그 항복으로 이끄시기 위해 계속해서 역사하신다는 뜻입니다.

왜 그렇습니까? 우리의 삶은 우리가 만족할만한 조건과 상황이 아니기 때문입니다. 우리는 각자 삶이 다릅니다. 각자의 디테일(detail)이 있습니다. 그건 누가 만들어 주고 바꿔주고 그렇게 할 수 없습니다. 그것은 하나님께서 각자의 삶에 고유한 간섭과 계획이 있으시기 때문에 우리가 기도는 해 주어도 해결이 안 됩니다. 돈을 퍼 준다고 해서 되는 것도 아니고 자신이 처한 삶에서 만들어져 나와야 하는 것입니다. 성령님께서 우리 속에 그 항복을 만들어 내실 그때 비로소 마음에 여유로움이 생기고 인격이 달라지기 시작합니다. 사람이 따뜻해져야 합니다.

성도의 삶은 거룩이라 했습니다. 하나님으로부터 새생명을 받아 언약 백성으로 살아가면 거룩한 공동체가 되어지는 것이 당연한 길입니다. 당연하다는 것은 거룩이 자동적으로 이루어지는 것이 아니라 성령님의 역사와 도우심 가운데 참된 회심이 일어나야 합니다. 그것은 우리가 만들어 내는 것이 아닙니다. 그 택한 자에게 주시는 하나님의 은혜입니다. 그리고 그 은혜로 마음의 항복이 일어나고 믿음으로 이 언약의 길로 가면 이루어집니다.

그러면, 세상은 왜 그렇게 거룩으로 안 가고 못 갑니까? 세상은 자기 욕심을 이루기 위해 돈과 권력이 있으면 자기 마음대로 죄악되게 행동하기 때문입니다. '나의 사전에 불가능은 없다. 나를 따르라' 그렇게 갑니다. 사람들은 그렇게 해주길 바랍니다. 사람들은 조건과 환경을 개선해야 한다고 생각하지, 자기 스스로 죄인이라고 생각하지 않습니다. 그것도 하나님 앞에서 죄인이고 예수 그리스도의 십자가의 피로 구원을 받아야 할 죄인이라고 생각하지 않습니다. 하늘 아래 살아가는 그 어떤 사람들이라도 하나님의 은혜가 임하지 않으면 죄인 됨을 깨달을 수가 없습니다.

그 가는 방향성이 다르고 목적이 다릅니다. 성도는 하나님께서 원래 창조하신 그 목적을 향해서 나아가기 때문에 그 과정 속에서 거룩이 나타나고 거룩을 열매 맺어 가게 됩니다. 하나님의 목적이 무엇입니까? 하나님의 하나님 되심을 드러내는 삶을 사는 것, 하나님의 영광을 나타내는 삶을 사는 것입니다. 세상은 하나님 없는 자기 욕심을 이루기 위해 살아가기 때문에 거룩이 아니라 자기 열심과 자기 의로써 자기 자랑으로 가게 됩니다. 성도는 왜 그게 잘 안됩니까? '왜 그 거룩을 이런 조건과 상황에서 만들어 내라 하시십니까?' 그것이 마음에 항복이 잘 안 됩니다. '아니 이런 상황에서 거룩을 만들어요? 먹고 살기도 힘들어 죽겠는데 거룩이 나와요?' 그것이 정말 힘드는 일입니다.

하나님께서는 어떻게 거룩을, 성령론적인 거룩으로, 성령론적인 인간으로, 성령론적인 성품으로 만들어 가십니까? 이 거룩은, '하나님과 맺은 언약과 관계가 제대로 유지되느냐? 그 언약 관계가 깨어지느냐? 그 언약 관계를 어떻게 더 발전시켜 가느냐?' 하는 세 가지 요소가 있습니다.

언약이 제대로 유지되어지느냐? 깨어지느냐? 하는 것은 외적인 모습이 윤리·도덕적으로 나타나지만, 그 내적인 것은 온전히 하나님 한 분만으로 만족하고 즐거워하는 것입니다. 앞서 작정과 예정을 말했듯이, 하나님의 작정과 계획 속에 내가 여기 있으며 저 사람과 결혼을 해서 살아가고 있고 내 자녀들이 태어나서 함께 살아가고 있다는 것을 만족해하며 믿음으로 하나님 한 분만으로 기뻐하며 살아가는 것입니다.

그것이 어떻게 가능하겠습니까? 예수 그리스도의 십자가로 구원하시고 하나님의 나라로 바로 데려가시지 않고 여기에 남겨 두어서 하나님의 하나님다우심을 여기에서 나타내고 훈련을 받게 하신다는 것을 믿기 때문입니다. 그 훈련되어 가는 과정에서 거룩이 나타나게 됩니다.

'나이는 들어가고 애들은 커 가는데, 내 인생은 이게 뭔가, 왜 저 인간이 내 옆에 있나? 세상은 뭐 이래?' 그런 마음의 괴로운 싸움들 속에서 훈련되어져 갑니다. 그런 과정이 없이 '주여~'하고 그냥 살아간다고 해서 만들어지는 것이 아닙니다.

우리는 거룩이라고 말하면 너무 영적인 것으로만 계속 생각합니다. 거룩은 인격적이고 따뜻한 성품으로 나타나게 됩니다. 그 따뜻한 성품이라는 것이 이 언약의 계명으로 주어진 것입니다. 하나님의 말씀이란 하나님의 성품을 나타낸 것입니다.

'이렇게 살아라 저렇게 살아라' 말씀하시는 것은 어떤 법이고 규칙이기 이전에 하나님의 성품입니다. 그 하나님의 성품이 우리에게 어떻게 따뜻하게 나타날 수 있느냐? 거룩이 어떻게 따뜻한 성품으로 나타날 수 있느냐? 이 말을 한다고 해서 '거룩 따로 성품 따로'라는 뜻이 아닙니다. 거룩은 인격적이고 따뜻한 것입니다. 어떻게 그럴 수 있습니까? 오늘 모세가 산에 올라가는 그 모습과 모세가 하나님께 드리는 기도를 통해서 나타납니다.

이스라엘은 죄를 범했습니다. 그리고 삼천 명이 심판을 받아 죽었습니다. 그 백성들이 종교적 도약으로 우상을 만들어 음란한 축제를 했기 때문에 죄를 지은 그 죗값으로 전부 다 멸망을 받아 죽어야 했습니다. 그러나 하나님께서는 자기 백성들을 다 심판하여 죽음에 이르게 하지 아니하셨습니다.

모세는 그 하나님의 마음을 알기에 시내산으로 다시 올라갑니다. 올라가서 기도를 합니다. 무슨 기도를 합니까? 이 백성들의 죄를 용서해 주시기를 기도했습니다.

> 30 이튿날 모세가 백성에게 이르되 너희가 큰 죄를 범하였도다 내가 이제 여호와께로 올라가노니 혹 너희의 죄를 속할까 하노라 하고 31 여호와께로 다시 나아가 여짜오되 슬프도소이다 이 백성이 자기들을 위하여 금신을 만들었사오니 큰 죄를 범하였나이다(출 32:30-31)

시내산에 올라가면서도 백성들에게 올라가는 이유를 말했습니다. 그리고 산에 올라가서 이스라엘 백성들이 범한 죄를 용서해 주시기를 기도했습니다. 그러니까, 이렇게 기도한 것이 아니었습니다. '하나님 이 백성들이 정성이 부족했습니다. 제가 다시 내려가서 더 지극 정성으로 예배하라고 타이르겠습니다. 더 많은 돈을 바치고 더 많은 금을 바치고 더 열심히 부르짖고 소리치면서 죽을 때까지 가고 갈 때까지 가 보겠습니다' 그렇게 기도하지 않았습니다. 모세는 오로지 이 백성들이 금신을 만들어 큰 죄를 지은 것을 회개했습니다.

모세가 하나님 앞에 이런 회개를 한다는 것은 무엇을 말합니까? 첫째로, 하나님 앞에 거룩을 지켜가는 것은 인간의 힘과 노력으로는 안 된다는 것입니다. 우리가 이미 예수 그리스도 십자가 피로써 구원을 받았고 이 새언약 안에 들어와 있다고 할지라도 우리는 아직 온전케 된 자들이 아니기에 죄를 짓습니다. 우리 모두가 다 죄를 짓습니다. 어떤 특별한 사람만이 죄를 짓는 것이 아니라 나도 짓고 우리 모두가 죄를 짓습니다.

그 죄를 짓는 인간을 회복시킬 수 있는 것은 오직 하나님의 은혜로운 죄 사함의 은혜뿐입니다. 둘째로, 그래서, 모세와 같은 중보자가 있어야 한다는 것입니다. 새언약에서 우리의 중보자는 예수 그리스도이십니다. 우리가 직접 하나님께로 나아갈 수가 없습니다. 죄인 된 인간이 직접 하나님께 나아가면 죄인은 멸망을 당해 죽기 때문입니다. 이 중보자가 있으므로 해서 인간은 멸망 당하지 않고 생명을 받아 누릴 수가 있습니다.

설교를 들으면서, '아 또 목사다운 소리를 하는구나, 또 죄 회개하라는 소리구나' 그렇게 들으면 안 됩니다. '인간이 살 수 있는 길, 인간이 하나님의 창조하신 그 본래의 의도대로 살아갈 수 있도록 회복하는 길이 무엇이냐?'를 말하는 것입니다. '인간이 인간의 당면한 어떤 일에 대해서 죄의 문제로 보느냐 문제의 문제로 보느냐?'가 중요하기 때문입니다. 말을 하다보면 죄, 문제 이것을 구별 없이 사용할 때도 있지만, 근본적으로 말하자면 인간의 삶에 일어나는 일들을 죄의 문제로 보고 해결해 가는 것이 성경이 말하는 해결책입니다.

저 시내산 아래의 이스라엘 백성들만이 아니라, 오늘 우리의 삶에 어떤 일이 생겼습니다. 언제나 두 가지 차원으로 생각하게 됩니다. 하나는 죄를 지은 것이고 또 하나는 연단의 과정입니다. 지금은 연단의 과정을 말하는 것이 아니라, 죄의 차원에서 생각하고 있습니다. '죄지은 인간들이 어떻게 회복할 수 있느냐?'라고 할 때, 죄인 스스로는 그 죄를 씻고 해결 받을 길이 없다는 것입니다. 죄를 지었으면 해결 받고 할 것이 없고 다 죽어야 합니다. 그것이 공의롭고 거룩하신 하나님의 판결입니다.

그런데 그렇게 심판으로 끝내지 아니하시고 해결책을 주십니다. 하나님께서 인간을 무슨 소모품으로 만드시거나 일회용으로 사용하시다가 폐기처분하는 용도로 만들지 않으셨기 때문입니다. 하나님께서는 모두에게 비를 내려 주시고 모두에게 햇빛을 비춰주시는 분이십니다. 그렇게 끝까지 은혜를 베푸시는 하나님과 우리 사이에 중보자가 있기 때문에 우리는 절망하지 않습니다.

왜 절망하지 않습니까? 예수 그리스도께서 우리의 중보자가 되시기 때문입니다. 우리는 우리의 죄를 해결하지 못합니다. 내가 죄를 지으면 그 지은 죄로 인해서 마음을 아파하고 괴로워하면 잠을 못자고 불면증에 시달리게 됩니다. 죄책감이 나를 짓누르고 내 목을 조여 옵니다. 삶이 불안하고 두렵습니다.

그러나, 우리의 모든 죄를 사해 주시는 예수 그리스도께 나아가 우리의 죄를 아뢰고 용서해 주시기를 기도하면 참된 자유를 누릴 수가 있습니다. 그렇게 죄 사함을 받을 때 우리 마음에는 자유가 있고 살 힘이 생겨납니다.

죄를 지은 일에 대해서 중보자가 없으면 우리 삶에는 어떤 일이 생겨나겠습니까? 예를 들어, 우리 가정과 삶에 무슨 죄를 지었습니다. 그것이 남에게 피해를 준 일이라면 남에게 피해보상으로 끝나고 맙니다. 그리고 다시는 그런 죄를 짓지 말아야지 하면서 자기 결단으로 가는 것 이상이 없습니다. 만일 그 일이 국가와 사회에 심각한 피해를 준 일이라면 누가 책임을 지고 물러나고 법을 고치고 무슨 새로운 대안을 만들어 내는 것으로 끝납니다.

그러나, 세월이 지나가면 사람들은 잊어버립니다. 언제 그런 일이 있었느냐는 듯이 생각도 안 하고 삽니다. 또 세상을 살아가다가 무슨 큰일이 일어나더라도 쉽게 생각합니다. 특히 그런 일이 내가 사는 이 동네 이 나라가 아니면 더 내 몰라라 합니다. 그러다가 어느 날 내가 죄를 짓거나 이 나라에 불미스러운 큰일이 또 생겨납니다. 그러면 그때 또 물러나고 고치고 끝납니다. 그리고 또 잊어버립니다.

사람들은 죄의 진정한 해결책을 모르며 알 수도 없습니다. 그저 인간이 못나고 나쁜 세상이라고 생각할 뿐입니다. 그래서, '한 번 지나가는 세상 즐기다가 죽자' 하든지 조용히 명상이나 하면서 자기 스스로 자기를 깨끗하게 해 보리라 그렇게 수양하고 살다가 죽습니다.

중요한 것은 무엇입니까? 그렇게 인생을 살아가서는 참되고 영원한 삶의 의미와 통일성을 부여받지 못하고 살더라는 것입니다. 인간은 자기 한계에 절망하고 결국 도약하더라는 것을 지나간 역사가 말해주고 지금도 그것을 나타내고 있습니다. 남 일이 아닙니다. 우리는 살아오면서 크고 작은 죄를 짓습니다. 앞으로도 지을 것입니다.

난 안 그럴 것이라고 거룩하고 거룩하게 살다가 죽을 것이라고 장담하지 마시기 바랍니다. 그렇다고 죄지으라는 것이 아니라 나도 내 마음먹은 대로 못살고 다른 사람들도 그렇게 못 사는 것이 인간이더라는 것입니다. 죄지은 사람을 보고 있는 욕 없는 욕 다 하지만, 우리가 놀라는 것은 그 죄를 내가 짓게 되는 때가 있더라는 것입니다. 그래도 어떻습니까? 내가 죄 지으면 관대하고 나 아닌 다른 사람이 죄 지으면 너무나도 냉혹한 것이 인간입니다.

그래서 어떻게 해야 합니까? 인간은 자기 안에서가 아니라 자기 밖에, 곧 우리의 참 중보자가 되시는 예수 그리스도를 믿고 죄 사함을 받고 살아야 한다는 것입니다. 그것이 유일한 해결책입니다. 그것이 하나님께서 자기 백성을 위해 베푸시는 은혜입니다. 성령님께서는 그 택자들에게 그 은혜를 부어주시고 복음을 듣게 하시고 회개하고 예수 그리스도를 믿어 하나님께 돌아오게 하십니다.

자, 다시 원점으로 돌아와 보겠습니다.

시내산의 언약이 있고 이스라엘 백성들이 범죄했고 심판을 받아 죽었습니다. 그리고 모세가 다시 시내산으로 올라가고 회개하고 죄를 용서해 주시기를 기도합니다. 모세는 이 범죄한 이스라엘 백성들을 대신하여 여호와 하나님 앞에 죄 사함을 구하는 중보자로 나아갔습니다. 그 중보자로 인해 죄 용서의 은혜가 베풀어지고 이스라엘은 다시 살길을 얻게 되었습니다. 언약이 회복되고 거룩한 언약공동체로 다시 살아갈 수 있게 되었습니다.

이것이 우리 삶에 그대로 적용이 됩니다. 우리 죄를 대신 짊어지신 예수 그리스도를 믿고 그 앞에 나아가 죄 용서를 구하며 살아가는 것은 언약을 회복하고 다시 거룩으로 살아가는 기반을 제공합니다. 어디 상담받으러 안 가도 되고, 내적치유 받으러 안 가도 됩니다.

그렇게 기반이 제공되면, 우리 마음에는 자유가 있게 되고 그 자유는 우리 삶에 여유로움으로 다가오게 됩니다. 어떻게 다가옵니까? '너나 나나 우리 안에서는 죄의 해결책이 없다. 우리는 다 죄인이다. 우리는 오직 우리 죄를 대신하여 죽은 예수 그리스도께 나아가야 한다. 그 십자가의 피만이 우리 죄를 사해 주실 수 있다.'

그래서 어떻게 살아가라는 것입니까? 우리는 서로 죄인 됨을 알고 서로를 용서하고 이해하고 보듬어주어야 하는 연약한 죄인이라는 것을 고백하는 것입니다. 여유로움은 돈에서 나오는 것이 아닙니다. 따뜻한 인격은 돈에서 나오는 것이 아닙니다. 내가 죄인이라는 것을 알고 하나님의 은혜로 예수 그리스도의 십자가로 용서받고 내가 여기 있다는 것을 제대로 분명하게 확인할 때 따뜻한 인격이 나타납니다.

이렇게 살아가도록 성령님께서 만들어 가십니다. 결론을 말하기 위해서 이렇게 길었습니다. 성령론적 인간이라 했습니다. 지금보다 더 여유로운 환경이 되면 만들어질 것이라 생각하지 마시기 바랍니다. 지금 이 자리에서 성령님께서 하나님의 거룩하심과 그 성품을 본받아 가도록 이 언약에 신실하게 순종하도록 마음에 항복을 일으키시고 그 속에서 하나님의 백성으로 만들어 가십니다. 지금 이 가정에서 만들어 가십니다. 그것이 마음에 항복되지 않은 사람은 참된 신앙의 길로 가고 있는 성도가 아닙니다. 내 맘 같지 않은 인생, 내 맘 같지 않은 사람들, 내 맘 같은 환경들 속에서 만들어 가십니다.

어떻게 그것이 됩니까? 성령 하나님께서 성도의 마음에 다음과 같이 끊임없이 역사하시기 때문입니다. '실수하고 실패하고 죄짓고 살더라도 네가 받은 구원을 기억해라, 네가 맺은 언약을 기억해라. 너의 중보자가 되시고 네 편을 드시는 예수 그리스도를 붙들어라. 하나님의 은혜를 구하고 살아라.'

그렇게 성도는 은혜로 살아가게 됩니다. 성령 하나님께서 하나씩 하나씩 만들어 가십니다. '알아서 해 주세요' 그런 것이 아니라 더 많이 하나님을 알아가고 그 말씀을 지켜가며 기도하면서 변화되어 가야 합니다. 안 그러면 힘든 인생이 됩니다. 자기만 힘든 것이 아니라 옆에 있는 사람들도 힘듭니다. 세상 끝날까지 우리의 참 중보자 되신 예수 그리스도를 붙들고 그 안에서 참된 만족과 기쁨을 누리고 살아가는 성도들이 다 되시기 바랍니다.

장신구를 떼어내라

1 여호와께서 모세에게 이르시되 너는 네가 애굽 땅에서 인도하여 낸 백성과 함께 여기서 떠나서 내가 아브라함과 이삭과 야곱에게 맹세하기를 네 자손에게 주마 한 그 땅으로 올라가라 2 내가 사자를 네 앞서 보내어 가나안 사람과 아모리 사람과 헷 사람과 브리스 사람과 히위 사람과 여부스 사람을 쫓아내고 3 너희로 젖과 꿀이 흐르는 땅에 이르게 하려니와 나는 너희와 함께 올라가지 아니하리니 너희는 목이 곧은 백성인즉 내가 중로에서 너희를 진멸할까 염려함이니라 하시니 4 백성이 이 황송한 말씀을 듣고 슬퍼하여 한 사람도 그 몸을 단장하지 아니하니 5 여호와께서 모세에게 이르시기를 이스라엘 자손에게 이르라 너희는 목이 곧은 백성인즉 내가 순식간이라도 너희 중에 행하면 너희를 진멸하리니 너희 단장품을 제하라 그리하면 내가 너희에게 어떻게 할 일을 알겠노라 하셨음이라 6 이스라엘 자손이 호렙산에서부터 그 단장품을 제하니라(출 33:1-6)

하나님께서는 하나님의 백성들을 하나님의 백성답게 만들어 가시는 과정들은 대충 넘어가는 법이 없습니다. 지난 시간에 살펴본 바와 같이 하나님께서는 이스라엘 백성들에게 거룩한 백성으로 살아갈 것을 요구하셨습니다. 그냥, '착하게 살아라' '남들에게 폐 끼치지 말고 살아라' 그런 정도라 아니라, '거룩하게 살아라'고 말씀하셨습니다. 하나님께서 자기 백성들에게 그렇게 말씀하셔도 그 길을 걸어가는 이유는 이 신앙의 길이 하나님의 구원과 언약에 기초한 것이기 때문입니다. 새언약 하에서 우리가 예수 그리스도의 십자가 피로 죄 사함을 받고 믿음의 길을 가는 것이 이 세상의 것을 더 많이 준다고 약속하기 때문이 아니라 하나님의 나라를 유업으로 물려받을 것을 약속받기 때문입니다.

믿음의 길을 간다는 것이 기쁘고 즐거울 때도 있지만 대개 우리는 힘들고 어려운 과정들을 지나게 됩니다. 그래도 우리가 그 길을 외면하지 않고 한 걸음씩 감당해 가는 것은 우리가 오로지 예수 그리스도 안에서 받은 이 구원의 은혜 속에서 십자가 안에서 더욱 발견되어지기를 원하기 때문입니다. 본문에 나오는 이스라엘도 참 어려운 길을 가는 사람들입니다. 어려운 길이지만 가야 하는 걸음입니다. 다시는 저 애굽으로 가서는 안 되는 사람들이기 때문입니다. 하나님의 구원을 받은 사람들이고 하나님과 언약을 맺은 사람들이기 때문입니다. 하나님께서 이스라엘의 금송아지 우상숭배에 대하여 간과하지 아니하시고 3천 명이나 죽이시고 다시 이스라엘에게 말씀하시는 것은 하나님께서 구원하신 백성들을 그냥 내버려두지 아니하시고 그들을 사랑과 은혜로 끝까지 지켜 가시겠다는 마음과 의지의 표현이었습니다.

그런 하나님의 마음, 하나님의 의지는 오늘 이스라엘 백성들에게 5절에서 "너희는 장신구를 떼어내라"고 말씀하셨습니다. 장신구는 이스라엘 백성들이 출애굽을 하면서 애굽 사람들로부터 받아낸 것입니다. 물론 자신들의 소유도 있었을 것입니다. 하나님께서 이스라엘 백성에게 장신구를 떼어내라고 하신 것은 그들이 그것으로 금송아지를 만들었고, 또 앞으로도 기회만 되어진다면 무엇을 만들어낼지 모르기 때문입니다. 하나님께서 그런 말씀을 하셨을 때 이스라엘은 두말하지 않고 장신구를 떼어냈습니다.

그렇다면, 오늘 우리가 떼어내야 할 장신구들은 무엇이 있을까요? 그것은 이 세상의 종교와 사상과 문화에 물든 것들입니다.

첫째로 우리가 떼어내야 할 장신구는 신앙생활은 감동으로 하는 것이 아니라 믿음으로 감당해야 하는 삶이라는 것입니다. 하나님의 그런 사랑과 은혜는 이 이스라엘 백성들에게 거룩을 요구하셨습니다. 거룩은 이 이스라엘 백성들이 하나님만을 섬기고 세상의 우상들은 헛것이며 하나님의 말씀에 전적으로 순종하는 것으로 나타납니다. 그렇게 순종하도록 성령 하나님께서는 우리 마음에 항복 된 마음을 일으키신다고 했습니다. 내가 가는 이 길에 무슨 감동이 없어도 가게 하십니다. 우리는 감동으로 신앙생활을 하는 것이 아니라 믿음으로 감당해 가는 사람들입니다. 신앙생활은 드라마도 아니고 영화도 아닙니다.

예배가 감동적이길 원하기 때문에 온갖 조명을 비추고, 안개효과를 내기도 합니다. 예배 시간에 감동을 안 받으면 예배드린 맛을 못 느끼는 사람들이 있습니다. 그들은 예배를 드릴 때, 일상의 삶과는 무엇인가 다른 감동이 진하게 다가오는 그런 것이 있어야 참다운 예배라고 생각합니다. 사람들은 그것을 하나님의 임재를 경험한다고 말합니다. 카타르시스를 느끼고 엑스타시를 경험해야 그것이 예배라고 생각합니다. 그런 것이 없는 예배는 예배가 아니고 그런 것을 못 느끼게 하는 목사는 목사가 아니라고 생각합니다. 어느 교회 목사님의 말씀처럼 예배 전에 CCM을 부르면서 하나님의 임재를 경험하고 있는데, 예배의 시작을 알리고 사도신경을 하면 그 하나님의 임재의 경험이 사라져 버리기 때문에 그냥 계속해서 예배로 연결한다고 합니다. 그것을 자랑이라고 말합니다.

또한, 개혁주의는 너무 지적으로만 가려고 하기 때문에 문제입니다. 말씀을 알아가고 배워가는 것은 좋습니다. 그런데 거기에 감동이 없습니다. 사는 것이 무엇인지 인생이 무엇인지 그걸 모릅니다. 가르치기는 가르치는데, 너무 교과서적입니다. 결혼해서 애들 키우고 직장 다니고 밥 먹고 사는 것은 정말 어렵고 힘든 일입니다. 그리고 그렇게 먹고 살기도 힘든데, '거룩해라' 그러니 감당이 안 됩니다. '살아야 되나 말아야 되나, 그리고 오늘 하루를 버텼는데, 뭐요, 거룩해요.'

그렇게 하루를 살고 또 하루를 살아가는 성도들이 변화되고 하나님의 백성으로 살아갈 수 있는 것은 그냥 단순한 지적인 동의만으로는 안 됩니다. 그러면 우리도 감동으로 가야 합니까? 마태복음 9장입니다.

> 9 예수께서 거기서 떠나 지나가시다가 마태라 하는 사람이 세관에 앉은 것을 보시고 이르시되 나를 좇으라 하시니 일어나 좇으니라 10 예수께서 마태의 집에서 앉아 음식을 잡수실 때에 많은 세리와 죄인들이 와서 예수와 그 제자들과 함께 앉았더니 11 바리새인들이 보고 그 제자들에게 이르되 어찌하여 너희 선생은 세리와 죄인들과 함께 잡수시느냐 12 예수께서 들으시고 이르시되 건강한 자에게는 의원이 쓸데없고 병든 자에게라야 쓸데 있느니라 13 너희는 가서 내가 긍휼을 원하고 제사를 원치 아니하노라 하신 뜻이 무엇인지 배우라 내가 의인을 부르러 온 것이 아니요 죄인을 부르러 왔노라 하시니라(마 9:9-13)

예수님께서 마태를 부르십니다. 그리고, 예수님께서 그 마태의 집에 가셔서 음식을 잡수시는 것을 보고 바리새인들이, '야, 너희 선생님은 어찌 세리와 죄인들과 함께 식사를 하시냐?' 그렇게 말했습니다. 예수님께서 그 말씀을 들으시고, '의원은 병든 자에게 쓸데 있고, 나는 제사보다 긍휼을 원한다. 나는 의인입네 하는 사람들을 부르러 온 것이 아니라 죄인들을 부르러 왔노라' 말씀하셨습니다. 바리새인들은 늘 잘나고 똑똑하고 대단한 사람들이었습니다.

그런데 왜 그 사람들에게 사람들이 가지 않습니까? 그 잘나고 똑똑한 것이 따뜻하지 않기 때문입니다. 나보다 잘 난 걸 어쩌겠습니까? 나는 저 사람보다 못한 것이 사실입니다. 그것이 좀 마음이 별로 안 좋아도 인정은 합니다. 그런데 그것이 왜 싫습니까? 늘 자기 자랑을 늘어놓으니 인간미가 없습니다. 그 잘난 것이 그늘이 되어주고 쉴만한 자리가 되고 그래야 합니다. 그래야 그 잘난 것도 이뻐 보입니다. 그늘이 되어주기만 하면 된다는 것이 아닙니다. 저들은 그렇게 안 됩니다. 왜 안 됩니까? 그 근본적인 이유는 자기 의로 가득 차 있기 때문입니다. '나는 너희들 하고는 달라' 그렇게 살아가고 있기 때문입니다.

많이 가르치고 많이 배우십시오. 그러나, 그 지식이 '나 잘났네' 그런 식이 되어서는 안 됩니다. 사람을 긍휼히 여기는 교회, 그런 성도들이 되어야 합니다. 어떻게 거룩으로 갑니까? 하나님 앞에서 자기 의를 버리고, 사람의 영혼을 아끼고 사랑하는 마음이 묻어나야, 전하는 지식이 들리는 사람의 마음에도 전해지게 됩니다.

두 번째로, 우리가 떼어내야 할 장신구는 예수님은 스타일리스트로 생각하는 것입니다. 예수님은 우리의 코디가 아닙니다. 스타일리스트 그러면 요즘에는 여러 직업이 있습니다. 패션 스타일리스트, 푸드 스타일리스트, 인테리어 스타일리스트..., 등 여러 가지가 있습니다. 패션 스타일리스트는 자신이 옷을 디자인을 하는 것이 아니라 상품을 기획하고 그 회사의 방향과 정책에 따라 디자이너에게 어떻게 옷을 디자인할 것인지 그 방향성을 알려 주는 것입니다.

이것은 마치 전에 우리가 예수님을 만능해결사로 여겼던 것과 비슷합니다. 그러나, 현대 기독교인들은 내가 원하는 그런 스타일리스트와 같기도 하고 멘토 같기도 하는 예수님을 원합니다. 예수님을 참다운 구세주로 영접하지 않습니다. 사람들이 코칭 세미나, 리더쉽 세미나에 열광하는 이유가 거기에 있습니다. 이것은 기독교식 자기 계발입니다. 자기 계발이라는 이름으로 교회 안에는 수많은 심리학 프로그램이 들어와 있습니다. 그런 프로그램들이 교회 안에서 인기를 누리는 것은 사람들이 예수 십자가를 부르짖지만 실상 마음은 다른 곳에 가 있다는 것을 말해줍니다.

예수 믿어 천국도 가고 세상에서도 잘 먹고 잘살고 싶은 것입니다. 예수님이 때로는 패션 스타일리스트가 되어서 어떤 옷을 입어야할지 알려주고, 푸드 스타일리스트가 되어서 어떤 음식을 먹어야할지 알려주고, 라이프 스타일리스트가 되어서 내 인생 어떻게 멋지게 살아야 할지 알려주기를 바라는 것이 현대의 성도들입니다. '예수님 멋지게 나를 스타일 해 주세요~' 그러고 있습니다.

사실 교회가 이렇게까지 왔다는 것은 교회가 이미 생명을 다해가고 있다는 것을 말합니다. 유럽의 교회들이 문을 닫고 미국의 교회들이 문을 닫게 된 것은 우연히 그렇게 된 것이 아닙니다. 물론 아직도 유럽이든 미국이든 그 속에 참된 복음을 전하는 목사님들이 있고 참된 복음을 따라 믿음으로 살아가는 성도들이 있습니다. 그들은 참 너무나 귀해 보입니다. 그러나, 그리스도의 복음만으로 만족하지 않고 이것저것을 혼합했던 대부분의 교회들은 이상한 길로 가버렸습니다.

그 이상한 길이 무엇일까요?

지금 우리가 살고 있는 세상은 이전에 어떤 세대와는 비교가 안될 정도로 발전해 있습니다. 저는 차를 타기 위해 시동을 걸면서도 놀랍니다. '인간이 언제 이렇게 먼 거리를 이렇게 쉽게 오고 갈 수 있게 되었는가?' 옛날에는 30리 길을 그저 고무신 신고 소 팔러 아버지와 장에 가는데 고개를 넘고 넘어서 가는데 얼마나 힘들고 어려웠는지 모릅니다. 또 그 길을 걸어서 집으로 오려고 하면 또 걸어가야 하나 싶어서 더 힘이 빠졌습니다. 그런 시절에 비하면 세상은 얼마나 달라졌습니까? 비행기를 타면 전 세계 어디라도 갈 수 있는 세상이 되었습니다.

그러나, 그것이 과연 인간에게 덕이 될지 화가 될지 우리는 아무도 모릅니다. 놀랍고 분명한 것은, 세상은 뉴에이지 영성으로 달려가고 있고 초영성시대가 되었다는 것입니다. 이 시대에 예수님은 무엇이 되었을까요? 예수님은 이제 영적인 안내자에 불과합니다. 그것은 예수님을 영적 스타일 리스트로 여기는 가장 무서운 것입니다. 교회는 그만큼 영지주의화 되었고 갈수록 세상의 영성에 오염이 되어가고 있습니다.

그러나, 성경은 분명하게 말합니다. 예수님은 우리의 구속자입니다. 예수님께서는 허물과 죄로 죽은 우리들을 살리시기 위해 십자가에 못 박혀 죽으셨습니다. 그리고 장사지낸 바 되었다가 죽은지 3일 만에 부활하시고 승천하사 하나님 보좌 앉으셨고 지금도 성도들을 위해 중보하시며 역사하시는 하나님이십니다. 예수님은 우리 인생의 라이프 스타일리스트도 아니고 영적인 안내자도 아닙니다. 예수님은 성자 하나님이시며 예수님은 우리의 구속자이십니다.

이 말을 하는 것은 우리는 우리 스스로 구원할 수 없는 죄인이라는 것이며, 우리 안에 신성한 내면아이가 없다는 것입니다. 세상이 초영성시대로 가는 길에 기웃거리면서 세상 덕 보려고 하지 마시기 바랍니다. 예수님 십자가 똑바로 믿고 끝까지 바르게 가시기 바랍니다.

세 번째로, 우리가 떼어내야 할 장신구는 종교성입니다. 이스라엘이 장신구를 떼어내는 것은 애굽의 종교와 문화 습관을 버리겠다는 것입니다. 우리는 이 세상의 것들이 가지는 목적, 방향성, 이런 것들을 버려야 합니다. 그 버려 할 것 중 하나가 종교성입니다. 종교성이라는 것은 우리의 열심을 바쳐서 우리가 원하는 것을 받아내려는 인간의 욕망이 종교적인 형태로 만들어진 것을 말합니다. 왜 이런 종교성을 말해야 합니까?

근래에 어떤 개혁주의 목사님의 설교집을 읽다가, 정말 놀랐습니다. 그 목사님께서는 개혁주의와 순복음을 섞어야 한다고 말했습니다. 로이드 존스 목사님께서 그렇게 말했다는 것입니다. 로이드 존스 목사님이 어느 책에서 그런 말씀을 하셨는지 모르겠지만, 만일 그렇게 말했다 하더라도 저는 그 말에 동의하지 않습니다. 할 수가 없습니다. 로이드 존스 목사님 당시의 순복음이 어느 정도였는지 모르겠지만, 지금의 순복음은 결코 개혁주의와 합칠 수가 없습니다. 그중에서 제가 가장 강력하게 말하는 것이 '4차원의 영성'입니다. 4차원 영성은 '구상화'(visualization)입니다. 성경은 4차원의 영성을 말하지 않습니다. 4차원의 영성은 "생각, 믿음, 꿈, 말"이 성령으로 변화될 때 3차원적인 삶을 다스리고 변화시킬 수 있다고 주장하는 것입니다. 생각하고 믿고 꿈꾸고 말하면 이루어진다고 말하는 성경 구절은 아무 데도 없습니다.

문제는 이런 말을 왜 하느냐 하는 것입니다. 첫째는, 사람들이 안 변하기 때문입니다. 평생을 개혁주의 목회를 했는데도 사람들이 안 변합니다. 물론 '전부 안 변했다' 그런 것이 아닙니다. 두 번째는 메마른 개혁주의가 되더라는 것입니다. 개혁주의 개혁주의 그렇게 말할수록 교회는 왠지 모르게 냉랭해져 가는 것입니다. 그러니, 심리학 교수를 강사로 세웁니다. 그런 모습을 보면서, '이것이 개혁주의인가?' 하는 생각이 듭니다. 그러니, '개혁주의와 순복음을 섞자' 그렇게 말합니다. '평생 걸어온 개혁주의 무엇 때문에 그랬나?' 싶습니다. 아마 그 목사님 은퇴하시고 나면 그 교회는 개혁주의 버릴 것입니다. 말은 개혁주의 하겠지만 엄청난 변화가 있을 것입니다. 이것이 무슨 말입니까? 개혁주의는 한 세대로 끝나고 말더라는 것입니다. 이런 것은 개혁주의, 바른 교회, 성경대로 가보자고 간절히 애쓰는 젊은 목사님들의 마음에 칼을 꽂는 것입니다.

우리는 사실 개혁주의를 제대로 배우지 못합니다. 물론 신학을 개혁주의 신학을 배우지만, '정말 개혁교회는 어떤 교회야?' 이런 걸 제대로 못 배웁니다. 또 사실 화란의 개혁교회는 현실적으로 지극히 그 영향력이 적습니다. 그 영향력이 적다고 무시하라는 것이 아닙니다. 이미 유럽의 개혁주의나 미국의 개혁주의나 너무 약합니다. 약하다는 것은 다만 그 숫자가 적다는 것이 아니라 세상에 대해 너무 소극적입니다.

세상에 대해 소극적이라는 말이 정치에 뛰어들고 사회개조에 나서라는 말이 아닙니다. 세상에 대해 소극적이라는 말은 영적인 싸움으로 나가지 않는다는 것입니다. 개혁주의가 왜 무너지는 이유가 거기에 있습니다. 신칼빈주의에 빠져서, '사회구조를 변혁하자' 그러면 그것이 처음에는 되는 거 같으나, 조금 있으면 세상에 동화되어 버립니다.

개혁주의는 철저하게 영적인 싸움이 되어야 합니다. 영혼을 향한 눈물과 기도가 살아 있어야 합니다. 개혁주의는 세상의 영혼들을 향하여 전도하는 힘써야 합니다.

개혁주의는 책 읽고 토론하고 그런 것이 전부가 아닙니다. 영혼들을 위해 아파하고 복음을 전하지 않으면 기도가 살아나지 않습니다. 물론 나 자신의 영적인 싸움도 있습니다. 그 일을 위해서도 기도해야 합니다. 나 자신의 영적인 싸움이든지 세상의 영혼들을 마음에 품고 복음을 전하는 영적인 싸움이든지, 그런 영적인 싸움으로 가야 개혁주의는 살아납니다. 개혁주의는 입만 살아 있는 것이 아니라, 하나님의 교회를 바르게 세워나가기 위해 믿음에 충성하고 헌신하는 것이 있어야 합니다.

저 영혼들을 위해 애타하고 그들을 위해 기도하고 전도해야 됩니다. 우리 자신들이 당면한 영적인 싸움, 그 싸움이 있다는 것을 잊지 말아야 합니다. 그런 영적인 싸움이 없는 교회는 죽습니다.

종교성을 버리라고 하면서 왜 이런 말을 하게 되었습니까? 개혁주의 원래 힘이 넘쳐나고 도전적이고 굉장한 영향력을 가지고 있습니다. 그런데, 왜 안 됩니까? 그것은 바로 영적인 싸움을 안 하려고 하기 때문에 그렇습니다. 세상의 영향을 받아서 웰빙으로 가고 영성으로 가기 때문입니다. 그것은 오로지 '나'에게 집중하게 합니다. 나에게 집중하면 영적인 싸움은 없어집니다. 그리스도께 집중해야 영적인 싸움이 보이고 생겨나고 싸우게 됩니다. 그러면 기도하게 되고 모이게 되고 예수 그리스도의 피 묻은 복음을 증거 하며 달려 갈 수가 있습니다.

오늘 결론은 이것입니다. '이런 모든 것들의 핵심이 어디에 가 있느냐?' 하는 것입니다. 그것은 나, 곧 자아에 초점이 맞추어져 있습니다. '나'에게 집중하지 마시기 바랍니다. 이것이 거룩으로 가기 위해 떼어내야 할 장신구입니다. 그리고 오직 예수 그리스도께 집중하시기 바랍니다. 그래야 세상에 한 발 예수님께 한 발 그러고 살지 않습니다.

세월 지나서 '목사님 우리도 순복음 하고 섞는 게 어때요' 그런 말 안 하려면 정신 바짝 차리고 가야 합니다. 언제나 예수 그리스도의 구원의 은혜 속에서 세상의 종교와 사상의 장신구를 떼어내 버리고 세상 끝날까지 이 믿음 안에서 죽도록 충성하는 믿음의 성도들이 다 되시기 바랍니다.

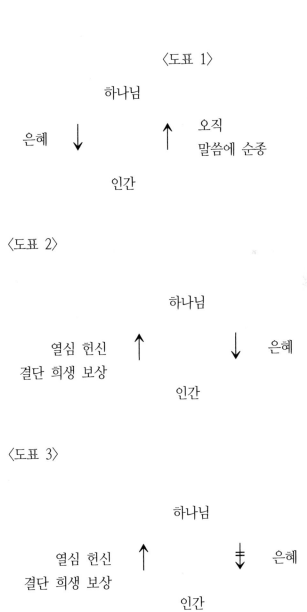

〈도표 1〉

하나님

은혜 ↓   ↑ 오직
            말씀에 순종

인간

〈도표 2〉

하나님

열심 헌신 ↑   ↓ 은혜
결단 희생 보상

인간

〈도표 3〉

하나님

열심 헌신 ↑   ⇟ 은혜
결단 희생 보상

인간

〈도표 4〉

인간의 열심과 헌신
⇓
개인적인 열심과 헌신
⇓
허무와 한계를 느낌
⇓
어떠한 상황 속에
내 자신을 던져 놓는다
실존적 결단을 위해서
⇓
허무와 한계를 느낌
포기하지 않고 계속해서
실존적 도약을 하지만
반복된다

인간의 열심과 헌신
⇓
연대, 공동체, 하나로 뭉쳐
인간의 계속적인 열심과
헌신
⇓
허무와 한계를 느낌
⇓
어떠한 상황 속에
내 자신을 던져 놓는다
실존적 결단을 위해서
⇓
허무와 한계를 느낌
포기하지 않고 계속해서
실존적 도약을 하지만
반복된다

⇓
주체적 실존적 도약
(종교적 도약)
⇓
의미와 통일성을
찾으려고 함
⇓
금송아지 우상
자기 자신, 자기 내면,
자가 회복, 여러 우상종교

〈도표 5〉

인간의 욕망, 인간적인 열정, 노력
⇓
허무와 한계를 느낌
⇓
어떠한 상황 속에
내 자신을 던져놓는다
실존적 결단을 위해서
⇓
허무와 한계를 느낌
포기하지 않고 계속해서
실존적 도약을 하지만 반복된다
⇓
초월적 존재를 찾음
주체적 실존적 도약(종교적 도약)

간섭받는 것을 싫어함

그러나 신은 필요로 함
⇓
의미와 통일성을
찾아야 하기 때문에
그렇지 않으면 살아갈 수도
나아갈 수도 없음

금송아지 우상
자기 자신, 자기 내면,
자가 회복, 여러 우상종교

   지금 현재 이루어지고 있는 내적치유 세미나가 무엇인지 그 실체
를 말해 주는 책입니다. 말은 성경적 내적치유 세미나라고 말하지
만 실제로는 심리적이라는 것을 알게 됩니다.

   내적치유세미나들에서 말하는 쓴뿌리, 내면아이, 속사람 등은 성
경 본문의 뜻과는 상관없는 심리학 용어로서 심리학적 인본주의적
의미로 가르쳐지고 있습니다. 내적치유세미나에서 행하는 명상, 시
간여행, 구상화 등은 성경적인 방법이 아니라 뉴에이저, 신비주의
자, 심리학자들의 명상법과 치료법과 유사합니다.

지금은 영성시대다. 이런 영성 시대의 핵심 키워드는 신성한 내면아이(Divine Inner Child)와 구상화(visualization)다. 일반적으로 알려진 '내면아이'는 신성한 내면아이 사상에 기초하고 있다. 이 신성한 내면아이가 얼마나 비성경적이고 위험한 것인지, 그리고 그것이 내적치유에 어떻게 적용되고 있는지 분명하게 알아야만 한다. 이 책을 통하여 내면아이가 역사 속에서 어떻게 흘러내려 왔으며, 국내의 내적치유에 도입되기까지 어떤 흐름들이 있었는지 알 수가 있다. 그리하여 독자들은 이 책을 통하여 오직 하나님의 말씀만으로 살아가는 참된 신자들이 되기를 간절히 바란다.

　　인간은 영원한 의미와 통일성을 이루기 위하여 인간의 내면에 신성을 부여한다. 그것이 신성한 내면아이다. 현대 멘탈리의 핵심 키워드는 바로 이 신성한 내면아이에 있다. 그리고 그 신성한 내면아이를 계발하기 위한 방법이 구상화다. 신성한 내면아이와 구상화의 개념을 이해하지 못하면 현대 멘탈리티를 이해하지 못한다. 지나간 시대와 현재에 이르기까지 구상화가 어떻게 흘러왔는지 알고, 오직 하나님의 구원과 언약에 신실한 하나님의 백성으로 살아가야 한다.

　우리의 자녀들과 성도들은 세상의 인문학을 배우고 있다. 하나님의 백성들이 세상에서 배우게 되는 것들이 왜 잘못되었는지, 그리고 왜 오직 예수 그리스도의 유일성으로만 나아가야 하는지 알아가게 된다.

　교회는 이 시대의 멘탈리티(mentality)가 무엇이며, 그 멘탈리티가 가지는 핵심 키워드가 무엇인지 분석하고 분별하여 성경의 진리만이 참된 생명이며 참되고 영원한 의미와 통일성을 제공한다는 것을 말해야 한다.

　소교리문답은 기존에 접근했던 방식과 달리 신성한 내면아이와 구상화를 키워드로 세상의 인문학을 분석하고 교리를 설명한다.

시내산 언약과 도약

지은이 정태홍

발행일 2015년 4월 20일

펴낸곳 RPTMINISTRIES

주소 경남 거창군 가조면 마상3길 22

전화 Tel. 010-4934-0675

등록번호 제455-2011-000001호

홈페이지 http://www.esesang91.com